宁夏大学中国阿拉伯国家研究院

A Field Survey and Research of Arab Countries
阿拉伯国家实地调研丛书

埃及
Egypt

杨圣敏 张前进 主编

社会科学文献出版社
SOCIAL SCIENCES ACADEMIC PRESS(CHINA)

埃及调研组成员

杨圣敏，调研组组长，中央民族大学资深教授、宁夏大学中国阿拉伯国家研究院学术委员会主任，教育部社会科学委员会委员，中国民族学学会会长，中国人类学会副会长，主要从事民族学与民族史角度的研究，研究领域主要为干旱和半干旱地区文化、中国西北和中亚民族历史与社会、民族关系、民族起源、民族学理论与方法等。

张前进，调研组组长，现任宁夏大学阿拉伯学院书记、中国阿拉伯国家研究院副院长。长期从事西部少数民族地区经济研究，主持与参与完成国家级课题4项；先后主持完成宁夏生态移民、宁夏沿黄经济区、宁夏中部干旱带、宁夏工业转型升级等8份发展规划和研究报告，并被自治区政府采纳。研究成果先后获宁夏科学技术进步奖一等奖、教育部高等学校科学研究优秀成果经济学类三等奖、宁夏社会科学优秀成果二等奖。

马永亮，调研组成员，宁夏大学阿拉伯学院讲师，在读博士，宁夏智慧宫文化传媒有限公司合伙创始人。宁夏青联常委、宁夏欧美同学会（宁夏留学人员联谊会）委员、银川侨联副主席、宁夏大学留联会理事。发表论文若干篇，出版译著《人民语录》《沙特阿拉伯王国掠影》《中国伊斯兰教百科全书》《古韵新疆》《马云的颠覆智慧》等。荣获宁夏回族自治区中阿博览会翻译工作“先进个人”、宁夏大学年度优秀教师、宁夏大学校级优秀指导教师等荣誉称号。

白　楠，调研组成员，宁夏大学阿拉伯学院副院长，副教授，语言学硕士。1999 年毕业于北京第二外国语学院（阿拉伯语专业），2002 年至今在宁夏大学阿拉伯学院任教（教授阿拉伯语和文化），曾赴阿联酋迪拜访学。在《宁夏社会科学》《中国穆斯林》等刊物上发表论文 8 篇，参编著作 2 部。主持省部级课题 1 项、自治区级课题 2 项、校级课题 2 项。获宁夏大学教学优秀奖等教学类奖项 10 余项。

梁向明，调研组成员，先后毕业于北京师范大学历史系、中央民族大学历史文化学院。历史学博士，教授，博士生导师。宁夏大学党委委员、教育学院院长。国家社科基金项目通讯评审专家、教育部人文社科研究项目通讯评审专家、宁夏社科规划项目评审专家等。中国民族伦理学会常务理事、宁夏民族伦理学会副会长、宁夏回族学会副会长。主要从事回族历史文化与回族文化旅游的教学与研究工作。出版专著 4 部，合著 8 部，发表论文 87 篇，其中 10 余篇为人大报刊复印资料、《民族研究》、《宗教》、《中国哲学史》、《中国经济史》、《中国古代史》及《全国高等学校文科学报文摘》等权威学术期刊全文转载。主持完成各类科研项目 16 项，其中，国家社科基金项目 3 项、国家社科基金重大项目子课题 2 项、教育部研究课题 2 项、宁夏社科规划项目 3 项。20 余项研究成果获省部级奖励。

周丽娅，调研组成员，历史学博士，约旦大学访问学者。2013 年毕业于西北大学中东研究所，此后一直在宁夏大学阿拉伯学院教授阿拉伯语和阿拉伯历史等课程。现主持国家社科基金青年项目和宁夏高校科研项目等，在《世界民族》《中国穆斯林》《宁夏大学学报》等杂志发表数篇论文。曾在 2009 年、2012 年赴土耳其和卡塔尔进行学术交流等活动。

姜克银，调研组成员，宁夏大学阿拉伯学院教授，宁夏大学中国阿拉伯国家研究院研究人员。2012 年在浙江大学英语语言文学专业获博士学位，2015 年在美国哈佛大学完成博士后研究。主要从事英语语言文学、伊斯兰跨文化等领域的教学、研究工作。先后主持完成国家社科基金项目 2 项、宁夏回族自治区哲学社会科学基金项目 4 项、宁夏社会科学院2012年宁夏重大现实问题研究项目1项、宁夏教育厅高等学校科学研究重点项目1项等；在《民族研究》等学术刊物上发表论文20余篇，出版英文学术著作1部；3项成果获省（部）级、厅级优秀科研成果奖。曾赴英国牛津大学进行访问交流和讲学活动。

王晓丽，调研组成员，中国社会科学院博士后，宁夏大学中国阿拉伯国家研究院研究人员。2014年国家社科基金课题“中东地区伊斯兰教派冲突研究”主持人，北京语言大学《阿拉伯发展报告》作者之一。主要研究方向为伊斯兰教、中东地区国际关系。

白雪梅，调研组成员，毕业于宁夏大学资源环境学院，人文地理学硕士，讲师，宁夏大学机械工程学院党委副书记。主要从事资源环境可持续发展研究、高校思想政治教育研究。参加区级课题1项，主持校级课题1项。发表《青铜峡市经济增长与工业污染的关系探析》《“双一流”学校建设中国外访学学生管理研究》《阿语人才就业现状分析及就业能力提高》等4篇论文，获得区级奖励3项、校级奖励16项。

瓦吉迪·瓦希布，调研组成员，埃及人，埃及艾因·夏姆斯大学法学本科毕业。2013年至今担任宁夏大学阿拉伯学院阿拉伯语教师，出版译著《新长征》（青岛出版社，2016年）。

走进阿拉伯社会

（代序）

中国有句老话，“不入虎穴，焉得虎子”，意指如不大胆实践、亲历艰险，就不能获得成功。这句话也适合科学研究的实践。也就是说，任何科学的研究，都必须建立在亲自接触和掌握大量第一手资料的基础上。同样，我们研究阿拉伯民族，如果不走进他们的社会，走进他们的生活中去亲自观察与交流，又怎么可能真正了解、认识他们呢？2015年7、8月间，正值盛夏酷暑之季，宁夏大学中国阿拉伯国家研究院和阿拉伯学院一行10位教师，就是抱着这样的想法走进了北非阿拉伯人的城镇和乡村。在此前后，学院还陆续送多批阿拉伯语专业的学生去阿拉伯国家进修语言和开展民间的社会调查。将实地调查的亲历亲见记录积累下来，并以此为基础开展研究，逐渐得出规律性的认识，是我们的研究方式。这种形式的研究实践还仅仅是个开始，走进阿拉伯人的社会，我们的研究将一直这样走下去。

阿拉伯国家的国际地位与处境

阿拉伯民族分布于西亚、北非22个国家和地区，地域辽阔，共有1300多万平方公里，人口3.39亿。其中，阿拉伯半岛作为伊斯兰教的发祥地和朝觐圣地，是全球人口近20亿的伊斯兰世界在宗教与文化上的中心。

阿拉伯国家虽均属发展中国家，但中东海湾地区素有“世界能源库”之称。

已探明石油储量1000亿吨，约占世界石油总储量的三分之二；石油年产量33亿吨，约占世界石油总产量的三分之一；石油出口量12亿吨，约占世界石油总出口量的三分之二。因此，阿拉伯国家在经济上，特别在能源上的影响是全球性的。

阿拉伯民族历史悠久，早在公元前1000多年，阿拉伯半岛就建立了国家。公元7世纪以后，曾建立起疆域辽阔的阿拉伯帝国。阿拉伯帝国时期，在吸收、消化原阿拉伯半岛、埃及、两河流域、波斯帝国和古希腊、古罗马文化的基础上形成了全球几大文明之一——伊斯兰文明。公元11世纪阿拉伯帝国解体后，阿拉伯民族相继受多个外来民族的统治，其中有塞尔柱土克曼人、蒙古人和奥斯曼土耳其人。公元17世纪奥斯曼帝国衰落以后，阿拉伯世界逐渐沦为英、法等西方帝国主义列强的殖民地和半殖民地。直到二战结束后，阿拉伯各国才相继争得独立，开始从半封建半殖民地的农牧业社会，有的甚至是从部落制社会艰难地向现代社会和独立的现代经济转型。

阿拉伯国家位于欧亚大陆心脏地带的战略位置和丰富的能源，使其一直是欧洲国家，以及美国和俄罗斯等大国争夺之地。二战后，美国成为代替英、法操控中东的主要西方大国。为了控制中东地区，美国一方面全力支持以色列与阿拉伯国家对抗；另一方面，又以“民主改造阿拉伯世界”的名义干涉阿拉伯国家的内政。二战后的70余年来，在努力摆脱大国的控制与盘剥，探索向现代化社会转型的道路上，阿拉伯各国步履维艰。

到了20世纪90年代，美国为了进一步控制第三世界各国的市场和原料，在全球鼓吹经济新自由主义政策，又以各种经济、政治要挟的手段，如煽动“颜色革命”等，向第三世界各国推行意识形态上的“全球一体化”，即政治制度的西方化。这些政策推行二十余年来，在外资的控制和商品的冲击下，很多阿拉伯国家的民族经济体系遭到严重损害，成为名符其实的“依附经济”，贫困化和两极分化日益严重，政局动荡甚至内战不息。中东地区宗教极端势力影响的扩大，特别是“伊斯兰国”的出现，都是此背景下的产物。

阿拉伯国家与中国的关系

中国与阿拉伯国家之间的关系，有坚实的历史和政治基础。中国与阿拉伯半岛相距遥远，但早在西汉时期，中国使节就曾到达阿拉伯半岛。历史上，中阿之间经由“丝绸之路”的贸易活跃，人员交往频繁。阿拉伯历法、数学、医药学等都对中国文化产生了重要影响。中国的造纸术、指南针和火药等发明，经阿拉伯人传入欧洲。两千多年来，双方一直保持着友好的经济文化交流。

新中国成立后，以美国为首的西方阵营对中国实行敌对和封锁政策。20 世纪 50、60 年代，中东地区的以色列、伊朗和土耳其是美国的盟友，但多数阿拉伯国家是与新中国相互支持的朋友。特别是 1971 年在第 26 届联合国大会上，多数阿拉伯国家与另外一些第三世界国家一道，坚定支持中国恢复了联合国的席位。

21 世纪以来，中国与部分阿拉伯国家建立了战略伙伴关系，经济联系也日益紧密。从 2003 年至 2013 年的 10 年间，中国对阿拉伯国家的进出口商品总额从 255 亿美元增至 2389 亿美元，年均增幅达 25%；中国从阿拉伯国家进口原油从 4058 万吨增至 1. 33 亿吨，占中国总进口量的 47. 2%。

随着双方关系的发展，2016 年 1 月 13 日中国政府专门发布《中国对阿拉伯国家政策文件》。文件指出，阿拉伯国家是中国坚定走和平发展道路，加强同发展中国家团结合作，推动建立以合作共赢为核心的新型国际关系的重要伙伴。中方始终从战略高度看待中阿关系，巩固和深化中阿传统友好，是中国长期坚持的外交方针，也是中国建立人类命运共同体愿景的一部分。

“一带一路”是21世纪中国的全球新倡议，却遭到很多西方国家的非议甚至堵截。它们恶意宣传中国在搞“新殖民主义”，想建立“世界霸权”等。丝路沿线65个国家和地区中，有一半以上为伊斯兰国家或穆斯林人口较多的地区。这些国家基本上都支持中国的“一带一路”倡议。有研究显示，未来20年内，伊斯兰教将成为世界上信徒最多的宗教，穆斯林民族将成为全球人口最多的民族。[①] 从政治上看，伊斯兰国家群体是当今世界敢于挑战西方的国际政治秩序，敢于挑战西方价值观念的群体。显然，团结阿拉伯等伊斯兰国家建立统一战线是丝路倡议成功的重要保证。同时，这样的国际统一战线也是双方战略利益的需要。

21世纪以来，为了打破美国“重返亚太”，在东部海上对我的围堵，我们开辟了“西进”的陆上丝路。我们的“西进”与近年来中东、西亚等国家的向东看趋势将形成互相配合之势。冷战结束以来，美国等西方政府在中亚、西亚等伊斯兰国家推行的武力颠覆和“颜色革命”造成的灾难使他们对西方严重失望。因此，阿拉伯国家为了寻找民族复兴之路，纷纷向东看，希望中国更多参与中东事务，发挥正能量，平衡和抵制美国等西方国家的压力。[②] 而这正是西方政府所担忧多年的一种可能。

曾担任美国总统顾问并受到西方学界推崇的哈佛大学教授塞缪尔·亨廷顿说：“在冷战后多级、多文明的世界里……儒教国家—伊斯兰教国家之间的联系将会继续，或许还会扩大和加深。这一联系的中心是穆斯林和华人社会在武器扩散、人权和其他问题上反对西方的合作。”[③] 美国另一位学者格雷厄姆·富勒认为：“中国与西方的冲突意味着它将

① 马丽蓉：《一带一路与亚非战略合作中的宗教因素》，《西亚非洲》2015年第4期。

② 安慧侯：《阿拉伯国家向东看政策评析》，《阿拉伯世界研究》2011年第1期。

③ 〔美〕塞缪尔·亨廷顿：《文明的冲突与世界秩序的重建》，新华出版社，2002，第266－268页。

重视与其他反西方国家的伙伴关系，其中伊斯兰国家占最大部分，而且是最有影响的成员。”[①] 美、欧等西方中心主义的政府一贯以傲慢的态度，蔑视中华儒家文明和阿拉伯的伊斯兰文明。因此，中国与阿拉伯各国不仅需要在政治上互相支持，也需要在文化上互相支持合作来争取更多国际话语权。

但目前，我们与伊斯兰世界尚存在因沟通较少而互不理解的一面。特别是近二十余年来，西方媒体和政府不断歪曲、抹黑伊斯兰教，抹黑穆斯林民族和伊斯兰文化。我们国内也有少数人在一定程度上对阿拉伯民族不甚理解。同时，绝大多数伊斯兰国家尽管与我关系友好，但由于文化的差异和西方的宣传与挑拨，尚对我存在一定的警惕和误解。因此，加强对阿拉伯社会的研究以促进双方的了解与民间交流，是中国学界很迫切的任务。

美国占据阿拉伯研究国际话语权的现状

有关阿拉伯国家的研究，英、法和俄罗斯等国起步早，研究队伍实力较强。二战以后的 70 多年来，美国在阿拉伯研究上投入了更多力量，已经实际上掌握着阿拉伯研究的国际话语权。目前，几乎所有涉及阿拉伯的热门话题都由美国的研究机构及它们掌控的期刊所左右。世界最大的中东研究非政府组织是“北美中东研究协会”（MESA）。参加该协会的正式成员组织就有 50 多个，个人会员则遍布全球。不仅如此，美国的阿拉伯研究资料积累时间久，有多学科学者参与，能够多角度开展研究。

更重要的是，他们重视搜集大量第一手材料，坚持以此为研究的基础。美国自 20 世纪 60 年代初开始，以“和平队”、“志愿者”和学者

① 〔美〕塞缪尔·亨廷顿：《文明的冲突与世界秩序的重建》，新华出版社，2002，第 321 页。

名义，向非洲、中东等第三世界国家陆续派遣人员，深入阿拉伯社会各个角落。到2014年，相继向第三世界派出的“志愿者”已达二十余万人。[①] 这些人一方面搜集、积累了有关阿拉伯社会各方面的丰富资料，另一方面在阿拉伯国家各社会层次建立了很多民间和学界的联系。在这个过程中，还锻炼和培养出了大批较深入了解阿拉伯社会的专家、学者和外交人员。[②]

美国和英、法等西方国家在阿拉伯研究中虽然占有某些优势，但出于西方固有的立场，对阿拉伯民族带有习以为常的傲慢和偏见。他们称：“穆斯林有偏好暴力冲突的倾向。”“穆斯林的边界是血腥的，其内部也是如此。”[③] 因此，对于西方世界这些观点，我们要划清界限。对于西方学界在阿拉伯研究中积累和发布的大量资料，我们在借鉴的同时，也要有所甄别。因为这些所谓第一手资料很多是被西方学者的有色眼镜过滤过的。

中国对阿拉伯国家的研究

中国的阿拉伯研究起步较晚，相关的研究机构和专家较少。与中国作为一个全球性大国的需要相比，在研究的广度和深度上都有明显差距。

新中国成立前，中国没有专门的阿拉伯研究机构，少数学者对阿拉伯的研究主要集中于宗教和历史领域。新中国成立以后，特别是20世纪60年代初以后，中国不仅在高校中设立了阿拉伯语专业，开始培养阿拉伯语人才，而且中国第一批专门研究阿拉伯国家的机构也诞生了，如中国社科院西亚北非研究所、西北大学中东研究所等，这些研究机构

① 李文刚：《和平队与美国在非洲的软实力及对中国的启示》，《当代世界》2015年第4期。

② 孙德刚：《中国的中东研究：1949—2010年》，《西亚非洲》2011年第4期。

③ 塞缪尔·亨廷顿：《文明的冲突与世界秩序的重建》，新华出版社，2002，第290页。

比较多地集中于国际政治角度和历史的研究，对其当代经济和社会等的基础性研究则比较薄弱。

新时期以来，随着中阿交往交流的深入，对阿拉伯国家的政治、经济、文化和历史等各方面的国情研究都受到重视，研究机构也日趋学术化和多元化。专门的研究机构和高校中，从事阿拉伯语教学的院系已发展到 40 余家。在高校，研究重点是语言、文化、宗教和历史。一些智库性质的机构研究的重点依然是与国际政治、政府行为、军事和经济热点相关的问题，对阿拉伯国家社会的关注还普遍比较缺乏。

总之，在国际学界中，中国的阿拉伯研究还明显存在基础性研究不够的短板。除了研究历史短、积淀不够之外，主要原因是缺乏独立地开展对阿拉伯社会第一手资料的搜集和积累。数十年来，中国学界有关阿拉伯的研究成果是丰硕的。但多数成果建立在文献研究的基础上，而且主要依靠的是西方的英文文献，较少阿拉伯文文献。也就是说，缺乏对阿拉伯世界从民族学、社会学、人类学等角度的，以实地调查资料为主的基础性研究。

近二十年来，阿拉伯国家多处于政治、经济和社会的艰难转型期，社会动荡，政权不稳。社会各集团、各种力量和不同阶级（不同民族、教派、部落、政党、行业、阶层和地域等）之间力量的消长与博弈，决定着各国政局的发展方向。走进阿拉伯社会的实地调查，不仅可以帮助我们真实地触摸到各国社会的脉动，预测今后的走向，也是建立独立的中国阿拉伯学的基础。

走进阿拉伯社会的调查

走进阿拉伯社会，即主要运用民族学、社会学实地调查的方法，实现用中国人自己的眼睛看阿拉伯社会的研究。

宁夏大学中国阿拉伯国家研究院与阿拉伯学院是教育部区域与国别

研究基地。近年来，研究院坚持基础研究和应用研究相结合，以实地调查为着力点，在此基础上，努力建设中国的阿拉伯学。阿拉伯学院是目前国内规模较大的阿拉伯语高级人才的培养机构，每年能够培养近百名阿拉伯语的大学本科毕业生和从事阿拉伯国家研究的硕士、博士研究生。这些学生和一批熟练掌握阿拉伯语的教师，是我们大量翻译阿拉伯语各类文献的有生力量，也是在阿拉伯国家持续开展社会调研的主力军。

为了提高阿拉伯语听说能力，阿拉伯学院高年级学生每年赴阿拉伯国家访学、实习约一年时间。自 2014 年以来，有 300 余名本科生、研究生赴也门（科技大学）、埃及（苏伊士运河大学、亚历山大大学）、摩洛哥（哈桑一世大学）、约旦（约旦大学）等国家访学实习。在这期间，每个学生都将在实习语言的同时，开展一项深入阿拉伯社会的实地调查，写一篇调查和研究报告。为此，学生们出国前都接受了社会调查方法的培训。在查阅文献的基础上，每个人都拟定了调查题目并设计了初步的调查计划。我们希望这样坚持下去，为中国的阿拉伯研究积累提供越来越多的第一手资料。

调研组进入阿拉伯国家以后，我们主要采用访谈、观察、深入生活的体验、小规模的问卷统计等方法调查。在文献搜集方面，重点搜集阿拉伯文档案文献。调查分为社会分层调查和专题调查两类。社会分层调查包括普通的特别是底层市民（小商贩、打工者、手艺人、服务业员工、工人、乞丐、失业者群体、城乡两栖阶层、学生等），中产阶级（教师、宗教职业者、基层政府工作人员、军人家庭、小企业主等），上层人士（将军、政党领袖、政府官员、大企业主），农民（地主、小土地农民、雇农）等。专题调查则有妇女问题、教育问题、宗教问题、失业问题、物价问题、土地问题、城镇环境问题等。调查的地点包括城市和农村的学校、清真寺、街道、政府部门、农舍、餐馆、农田旁等多个场所，多数是在被调查者的工作地点和家里开展访谈和观察。

在实地调查的前后，我们还与阿拉伯国家的相关学者，特别是与一些研究机构进行了经常性的交流。如埃及金字塔战略研究中心、埃及战略研究所、埃及地区研究所、沙特阿拉伯费萨尔国王伊斯兰研究中心、阿卜杜勒·阿齐兹国王大学伊斯兰研究中心等，以便能够从比较宏观的角度搜集信息和考察调研的问题。同时，调研组每到一个国家，我们还拜会中国驻当地使领馆官员，了解、请教相关情况和问题，并得到我驻当地使领馆的支持。

为了给学界和世人展示我们所亲见的真实的阿拉伯社会，让他们听听阿拉伯国家的老百姓是如何谈自己的生活、社会和国家的，我们的调查尽量记录下他们的原话和我们眼见的真实状况。一般情况下，调研组白天在调研现场录音和笔记，当天晚上对录音和笔记进行初步的整理，同时，尽量让翻译成汉文的访谈内容忠实于录音中阿拉伯语的原貌，并保持原口语化的风格。在最后正式出版的访谈版本中，我们适当删除了部分重复的内容和现场为了活跃气氛的一些寒暄。为了帮助读者理解对话的内容，我们还充分参考国内外学界在该问题上的相关研究，在每份访谈记录前增加了简要的背景介绍。另外，我们对访谈记录中一些专门的术语或重要的问题适当插入按语、注释，在每份访谈记录后，增加了我们的总结性分析，以帮助读者理解和思考。

实地调查不同于书斋里扶手椅上的文献研究，特别是在西亚、北非这些干旱地区，热风如焚、蚊虫叮咬、长时间的连续工作和每天的路途颠簸等对体力的磨炼自不待言，更困难的是要与各种陌生的人群建立和谐的交流关系，这是对我们更大的考验。但在这个过程中，我们每每都感受到新中国那位伟大的缔造者在阿拉伯人民心中给今天的我们留下的遗产。每当我们进入新的访谈对象的地界，心里不免忐忑。特别是当我们面对那些下层的阿拉伯民众，由于他们对当今的中国并不知情，初见来自异国的不速之客时，多是一脸茫然，我们也不知道如何介绍自己才好。但他们几乎都知道毛泽东，当知道我们来自毛泽东的国家时，往往会露出友好的微笑，正是这可贵的微笑让我们能够与他们很快拉近距离，从而比较顺利地展开对话。

在这种交往中，阿拉伯人民的先知，穆罕默德的智慧也让我们受益。因为不时有受访者告诉我们，早在一千多年前，他就在《古兰经》中告诉信徒们，在遥远的中国可能存在真理。他的话自然让我们想到两千多年来在中国与阿拉伯国家之间，在中国与域外世界之间搭起桥梁的那些人。他们是最早睁眼看世界的中国人，也是最早把域外的世界介绍给中国的先行者，凿空西域、远播国威的张骞，留下不朽著作的法显、玄奘，航海家中第一人郑和等两千多年来前赴后继地远赴异域去开拓新通道、新世界的志士仁人们。我们仰慕他们为报效国家、为求真理、为中外的交流所做出的丰功伟绩。他们都是大学问家，但又不是传统意义上那种书斋中的读书人。他们是历经艰险行万里路去“读社会”“读世界”的文人中的壮士。他们奋不顾身的英雄主义精神至今激励着我们的探索和研究。让我们在这些先行者的精神鼓舞下，走进阿拉伯社会，长期坚持，建设中国的阿拉伯学。

杨圣敏

2017 年 10 月 20 日

目　录

实地调查与分析 045

埃及概况

埃及，全称为阿拉伯埃及共和国（جمهورية مصر العربية），位于北非东部，战略位置十分重要，是连接欧、亚、非三洲的交通要道。埃及是世界四大文明古国之一、中东人口最多的国家、非洲第三大经济体，在阿拉伯世界具有重要的影响力。

一 历史简述

公元前 3200 年，美尼斯统一埃及，建立了世界上第一个奴隶制国家。埃及前后经历了早王朝、古王国、中王国、新王国、后王朝时期等 30 个王朝[①]。中王国经济发展、文艺复兴。新王国生产力显著提高，开始对外扩张，成为军事帝国。后王朝时期，内乱频繁，外患不断，国力日衰。公元前 525 年，埃及成为波斯帝国的一个行省。在此后的一千多年间，埃及先后被希腊和罗马征服。公元 641 年，阿拉伯人入侵，埃及

① 历史学家一般将古埃及历史和历代法老王朝分为前王朝时期（公元前 32 世纪之前）、早王朝时期（约公元前 3100 年 ~ 前 2686 年）、古王国时期（约公元前 2686 年 ~ 前 2181 年）、第一中间期（约公元前 2181 年 ~ 前 2040 年）、中王国时期（约公元前 2040 年 ~ 前 1786 年）、第二中间期（约公元前 1786 年 ~ 前 1567 年）、新王国时期（约公元前 1567 年 ~ 前 1085 年）、第三中间期（约公元前 1085 年 ~ 前 667 年）、后王朝时期（约公元前 667 年 ~ 前 332 年），其中年代均有争议，见《古埃及文明——全球史之四》（杨洪强编著，2005）。

逐渐阿拉伯化，成为伊斯兰教的一个重要中心。1517 年，埃及被土耳其人征服，成为奥斯曼帝国的行省。1882 年，英军占领后，埃及成为英“保护国”。1922 年 2 月 28 日，英国宣布埃及为独立国家，但保留对埃及国防、外交、少数民族等问题的处置权。

1952 年 7 月 23 日，以纳赛尔为首的自由军官组织推翻法鲁克王朝，成立革命指导委员会，并于 1953 年 6 月 18 日宣布成立埃及共和国。1958 年 2 月，埃及与叙利亚合并，成立阿拉伯联合共和国。1961 年，叙利亚发生政变，退出“阿联”。1970 年，纳赛尔病逝，萨达特继任。1971 年 9 月 1 日，埃及改名为阿拉伯埃及共和国。1981 年 10 月，萨达特总统遇刺身亡，副总统穆巴拉克继任，并 4 次连任直至 2011 年“1·25”革命后辞职，武装部队最高委员会接管其权力。2011 年 6 月底，埃及穆斯林兄弟会创立的自由与正义党主席穆尔西赢得总统选举并宣誓就职。2013 年 6 月底 7 月初，埃及各地爆发对穆尔西的大规模游行示威活动，并引发流血冲突，造成数百人死亡。7 月 3 日，埃及军方罢黜穆尔西，中止现行宪法，推出临时总统和政府。12 月，埃及官方将穆兄会定性为“恐怖组织”，穆兄会领导人纷纷被捕。2014 年 5 月底，埃及举行总统选举，前军方领导人塞西当选总统。[①]

二 自然资源概述

（一）地理分布

埃及跨亚、非两洲，疆土略呈不规则的四方形，东西宽 1240 千米，

① 阿卜杜勒法塔赫·塞西：埃及总统，1954 年生，1977 年毕业于埃及军事学院，获学士学位。1987 年在埃及指挥与参谋学院获硕士学位。曾在陆军步兵部队服役，历任机械化步兵营营长、国防部情报与安全处处长、驻沙特使馆武官、北方军正参谋长、司令、埃及军事情报局局长。2012 年 8 月担任国防部部长、武装部队最高委员会主席，2013 年 7 月领导军方罢黜前总统穆尔西，并在临时政府担任第一副总理兼国防部部长。2014 年 3 月辞去所有职务参选总统并胜选，6 月 8 日宣誓就职。

南北长 1024 千米，国土面积为 100. 15 万平方千米，大部分位于非洲东北部，其地形平缓，没有大山，最高峰凯瑟琳山海拔 2629 米。埃及是欧、亚、非三洲的交通要冲，北部经地中海与欧洲相通，西连利比亚，南接苏丹，东临红海并与巴勒斯坦接壤，东南与约旦、沙特阿拉伯相望，海岸线长 2700 多千米。苏伊士运河沟通了大西洋、地中海与印度洋，是连接欧、亚、非三洲的交通要道，战略位置和经济意义都十分重要。

埃及可分为 4 个区：尼罗河谷和三角洲、西部利比亚沙漠、东部阿拉伯沙漠和西奈半岛。全境 95% 的国土面积为沙漠，西部利比亚沙漠是撒哈拉沙漠的东北部分，为自南向北倾斜的高原，占全国面积的2/3。世界第一长河尼罗河从南到北流贯埃及全境，境内长 1350 千米，两岸形成宽约 3 ~16 千米的狭长河谷，并在首都开罗以北形成 2. 4 万平方千米的三角洲，构成了面积达 4 万多平方千米的肥沃绿洲带。开罗以南称上埃及，以北为下埃及。主要湖泊有大苦湖和提姆萨赫湖，以及阿斯旺高坝形成的非洲最大的人工湖——纳赛尔水库（5250 平方千米）。位于西奈半岛南端的沙姆沙伊赫为红海著名旅游胜地，是世界五大潜水圣地之一。每年成千上万名来自世界各地的游客来此观光游览。

（二）气温和降水量

埃及每年只有两个季节：从 11 月到次年 4 月是暖冬，从 5 月到 10 月是炎夏。全境干燥少雨，尼罗河三角洲和北部沿海地区属地中海型气候，夏季炎热干燥，冬季温和湿润，1 月平均气温 12℃，7 月平均气温 26℃；年平均降水量 50 ~200 毫米。其余大部分地区属热带沙漠气候，炎热干燥，沙漠地区气温可达 40℃，年平均降水量不足 30 毫米。开罗每年的降水量为 10 毫米左右，开罗以南的上埃及地区很少降雨。埃及每年 4 ~5 月常有“五旬风”①，飞沙走石，使农作物受害。

① 中国称之为沙尘暴。埃及位于非洲，属沙漠气候，3 月底至 5 月底时便会刮起狂风，将沙尘、黄沙刮起。夏季气压带风带上移，埃及由东南风过渡到西南风。

（三）资源和能源

埃及主要资源是石油、天然气、磷酸盐、铁等。石油资源主要分布在苏伊士湾—尼罗河三角洲地中海沿岸一线、西奈半岛、东部沙漠和西部沙漠等地区，其中苏伊士湾地区石油蕴藏量占埃及石油总蕴藏量的70%；天然气资源主要蕴藏在地中海深水海域与尼罗河三角洲之间的地区、西部沙漠地区以及苏伊士湾地区，其中地中海海域天然气储量约占埃及天然气总储量的75%。2014年，埃及探明矿产资源储量为：石油44.5亿桶，天然气2.186万亿立方米，磷酸盐约70亿吨，铁矿6000万吨，此外还有锰、煤、金、锌、铬、银、钼、铜和滑石等。2014年，埃及原油日均产量达71.15万桶，天然气日均产量达1.55亿立方米，石油制品年产量为44.5万桶；国内消耗的天然气数量占总产量的70%，其余30%供出口[①]。

埃及全国电网覆盖率达99.3%，世界排名第28位。阿斯旺水坝是世界七大水坝之一，全年发电量超过100亿千瓦时，但埃及电力资源紧张，夏季停电现象严重。2014年，埃及发电量为1390亿千瓦时，其中，水电占6.9%（阿斯旺大坝），天然气发电占69.12%，燃油发电占21.43%，风力发电占2%，太阳能发电占0.55%（主要在沙漠地区）。电力消费中，20.5%用于工业生产，48%用于居民家庭用电，17.6%用于市政设施，4.1%用于农业生产，3.4%用于贸易方面。

埃及水资源中，最主要的是尼罗河河水。根据尼罗河流域9国签订的河水分配协议，目前埃及享有尼罗河河水的份额为550亿立方米，占埃及淡水资源总额的90%左右。此外，埃及积极对农业灌溉水再次利用。[②]

---

① 数据来源：中华人民共和国外交部网站。

② 数据来源：中国驻埃及使馆经商处。

三　行政区划与人文概述

（一）行政区域划分

埃及行政区划分为 8 个经济区，包括 27 个省，每区包括一个或几个省。埃及首都开罗，位于尼罗河三角洲顶点以南 14 千米处，北距地中海 200 千米，是整个中东地区的政治、经济和商业中心。传统意义上的开罗是由开罗省、吉萨省、盖勒尤卜省组成，通称大开罗，2015 年人口 1877.2 万，是阿拉伯和非洲国家人口最多的城市，也是阿拉伯国家联盟总部所在地。

亚历山大位于尼罗河口以西，距首都开罗约 200 千米，是埃及和非洲第二大城市，2015 年人口约为 477.8 万，是埃及和东地中海最大港口。公元前 332 年，希腊马其顿国王亚历山大大帝占领埃及后建立此城，并以他的名字命名。亚历山大风景秀美，气候宜人，是埃及的夏都和避暑胜地，被誉为“地中海新娘”。亚历山大是古代和中世纪名城，是地中海沿岸政治、经济、文化和东西方贸易的中心，创造了灿烂的古代文化，至今仍保留着诸多名胜古迹。今日的亚历山大是埃及的交通和工业中心之一。

（二）语言、人口与宗教

埃及官方语言为阿拉伯语。由于历史的原因，英语、法语在埃及也被广泛使用。科普特语（由古埃及语演变而来）仅在埃及的科普特人基督教堂的仪式中使用[①]。据世界银行的数据，截至 2015 年 7 月，埃及

① 原始的埃及语（象形文字）在公元 3～4 世纪完全被科普特语（希腊字母变体）取代。公元 7 世纪后期阿拉伯穆斯林征服埃及后，阿拉伯语开始逐渐成为通用语言，而科普特语仍被广泛使用。但科普特语在 15 世纪便已不再被使用于日常生活了，而后科普特语使用者全都改用阿拉伯语。

常住人口总数为8848.7万，世界排名第16，另有超过800万的海外侨民；人口增长率为1.79%，出生率为2.29%，死亡率为0.48%；男女比例为1.05∶1，男女平均寿命分别为71.06岁和76.47岁。埃及是传统农业国，农村人口占全国总人口的55%，农业从业人员约550万人，占全国劳动力总数的31%。

埃及人口中，东方哈姆族（埃及阿拉伯人、科普特人、贝都因人、柏柏尔人）占99%，努比亚人、希腊人、亚美尼亚人、意大利人后裔和法国人后裔占1%。据中国驻埃及大使馆经济商务参赞处2014年统计，约有96%的人口密居在尼罗河谷和三角洲地区，其中三角洲的达曼胡尔和曼苏拉市的人口密度为每平方千米1200~1500人，首都开罗市的人口密度高达每平方千米2万人，尼罗河谷的人口密度约为每平方千米600人，红海省的人口密度为每平方千米不足1人。

埃及约90%的人口信仰伊斯兰教，信徒主要是逊尼派。伊斯兰教在埃及政治、社会生活中占有重要地位，国家设有总穆夫提[①]。创建于公元970年的爱资哈尔大学为埃及宗教教育的中心和伊斯兰世界的最高学府，附设多所学院，并管理全国的各级宗教学校。爱资哈尔教长由总统任命，掌管爱资哈尔事务。教长是爱资哈尔大学的最高权威，他的话似同法令，对有争执的问题有最高裁判权。[②] 埃及约10%的人口信仰基督教的科普特正教、科普特天主教和希腊正教等教派。科普特正教为东方礼基督教中的一个独立教派，埃及科普特人多属于此教派。[③]

（三）教育与传媒

埃及实行9年义务教育制度，法律规定儿童6岁入学，小学6年、

---

① 穆夫提：阿拉伯语音译，意为“教法解说人”，精通《古兰经》和《圣训》。伊斯兰教教职称谓，即教法说明官。职责为咨询与告诫，对各类新问题、新案件的诉讼提出正式的法律意见，作为判决的依据。法官在审理案件程序中，每遇到情况复杂的重大案件，裁决前都要向穆夫提通报案情，征询意见。因此，穆夫提在社会生活中具有崇高的地位。

② “民族宗教”，中国驻埃及大使馆经济商务参赞处，2016年8月4日。

③ “埃及概览”，中埃·泰达苏伊士经济合作区网站。

初中3年为义务教育阶段，高中3年后通过考试选择大学和学院、专业。据中国外交部网站2017年统计，埃及全国共有基础教育（含小学、初中、高中和中等技术教育）学校42184所，其中公立学校37218所，私立学校4966所；共有大学34所，其中公立大学18所，私立大学16所。著名的有开罗大学、亚历山大大学、艾因·夏姆斯大学、爱资哈尔大学等。大学高等教育平均入学率达32%。

埃及传媒业发展较好，共有报刊500余种，其中报纸180余种，杂志300余种。埃及阿拉伯文报刊主要有《消息报》《金字塔报》《共和国报》，英文报刊主要有《埃及公报》。法文报刊主要有《埃及前进报》《埃及日报》。其中，《金字塔报》是埃及官方报纸。中东通讯社是埃及国家通讯社，是目前中东地区和阿拉伯世界最大的通讯社，1956年2月创立，宣传政府政策，用阿拉伯语、英语、法语三种文字发稿。埃及全国现有269家广播台站，平均每天播报478小时。埃及国家广播电台于1928年创建，目前每天用80个频率、38种语言向国内外广播。中东广播电台建于1964年，主要为商业服务。2000年，埃及开始通过“非洲之星”广播卫星和尼罗河卫星等发射广播节目，能覆盖全世界。电视在埃及传媒中占据突出地位。埃及电视台建于1960年。目前埃及电视频道分中央、地方、卫星、专题等四类数十个频道，节目覆盖亚、非、欧、北美等地区。2001年6月，私营卫星电视频道获准开播。

四　经济发展概述

近几年，受国内政局持续动荡影响，埃及经济发展缓慢，经济增长大幅放缓。2013年7月临时政府上台后，埃及政局逐渐恢复稳定，经济形势有所好转，营商环境（EoDB）和全球竞争力指数（GCI）排名也有所上升，经济开始呈现恢复性增长。2015年，埃及吸引外国直接投资存量为942.66亿美元。其中，金融行业成为吸引投资的主要行业，此外制药业、电信行业、汽车以及原材料领域对外国直接投资也有较大吸引力。

（一）宏观经济

据世界银行统计数据，2015 年，埃及 GDP 总量为 3307.8 亿美元，较上年增长 4.20%，人均 GDP 为 3614.75 美元；国民储蓄和政府净债务分别约为 GDP 的 9.58% 和 77.05%；通胀率为 10.36%（见表 1）。

表 1　2010～2015 年埃及宏观经济信息

年份	GDP（亿美元）	经济增长率（%）	人均 GDP（美元）	国民储蓄占 GDP 比例（%）	政府净债务占 GDP 比例（%）	通胀率（%）	失业率（%）
2010	2184.6	5.15	2775.85	17.53	60.03	10.70	9.19
2011	2355.8	1.78	2930.12	14.52	64.32	11.78	12.06
2012	2567.3	2.22	3111.87	13.65	68.81	7.26	12.31
2013	2647.0	2.01	3145.58	13.46	75.04	9.57	13.55
2014	3015.0	2.23	3365.71	12.03	73.22	10.15	13.20
2015	3307.8	4.20	3614.75	9.58	77.05	10.36	-

注：GDP 采用当期美元汇率统计的 GDP 数据，经济增长率根据 2010 年美元汇率 GDP 计算。如 2015 年当期美元汇率 GDP 为 2477.2 亿美元，2014 年当期美元汇率 GDP 为 2377.4 亿美元，则增长率为 4.20%。

数据来源：世界银行网站。

埃及的主要支柱产业有油气产业、农业、旅游业等。埃及的石油和天然气储量在非洲国家中分别排在第五位和第四位；已探明天然气储量达 2.2 万亿立方米，潜在的天然气资源预计为 5.6 万亿立方米，且品质较高。埃及的炼油技术在非洲大陆居首位，但从 2009 年起，埃及成为石油净进口国。作为传统的农业国，埃及的农业产值占 GDP 的 18.0% 左右，可耕地面积约占全国总面积的 3.5%。埃及主要生产中长绒棉和超长绒棉。棉花是埃及最重要的经济农作物，因其绒长、光洁、韧性好，被称为“国宝”。

埃及历史悠久，名胜古迹很多，具有发展旅游业的良好条件。政府非常重视发展旅游业，旅游业对埃及GDP的贡献率也很大，旅游业产值约占GDP总额的11%，约每10个就业人口中就有1个从事旅游业相关工作。主要旅游景点有金字塔、狮身人面像、卢克索神庙、阿斯旺高坝、沙姆沙伊赫等。但近年来，受局势动荡影响，埃及旅游收入下降。据埃及中央银行统计，2014年，埃及旅游收入为73亿美元，同比增长23%，赴埃及游客数量约为1220万人次；2015年，埃及旅游收入为61亿美元，同比减少16.4%，赴埃及游客数量约为930万人次。

（二）对外贸易

据联合国贸易数据库统计，2015年埃及的进出口总额为921.98亿美元，出口额为236.22亿美元，进口额为685.76亿美元，贸易逆差为449.54亿美元（见表2）。2014年、2015年埃及进出口前五位商品如表3和表4所示。

表2　2010~2015年埃及进出口情况

单位：亿美元

年份	进出口总额	出口额	进口额	贸易逆差
2010	793.35	263.32	530.03	266.71
2011	938.64	315.82	622.82	307.00
2012	992.83	294.17	698.66	404.49
2013	954.46	287.79	666.67	378.88
2014	1059.65	291.48	768.17	476.69
2015	921.98	236.22	685.76	449.54

数据来源：联合国贸易数据库网站。

表3　2014年、2015年埃及进口前五位商品

单位：亿美元

排名	HS编码	2014年主要进口商品	2014年进口额	HS编码	2015年主要进口商品	2015年进口额
1	2710	石油（原油除外）	55.484	2710	石油（原油除外）	71.332
2	1001	小麦和杂麦	30.662	8703	汽车以及其他运输用机动车辆	33.015

续表

排名	HS 编码	2014 年主要进口商品	2014 年进口额	HS 编码	2015 年主要进口商品	2015 年进口额
3	2709	石油原油（包括从沥青矿物提取的原油）	30.440	1001	小麦和杂麦	25.360
4	8703	汽车以及其他运输用机动车辆	25.566	2711	液化气及其他气态烃类气	24.676
5	1005	玉米	19.516	3004	药品	20.184

数据来源：联合国贸易数据库网站。

表 4 2014 年、2015 年埃及出口前五位商品

单位：亿美元

排名	HS 编码	2014 年主要出口商品	2014 年出口额	HS 编码	2015 年主要出口商品	2015 年出口额
1	2709	石油原油（包括从沥青矿物提取的原油）	30.505	2709	石油原油（包括从沥青矿物提取的原油）	19.941
2	2710	石油（原油除外）	24.372	2710	石油（原油除外）	14.855
3	8544	绝缘（漆包、电镀）线和电缆	10.018	8528	电视接收机	7.826
4	8528	电视接收机	7.494	8544	绝缘（漆包、电镀）线和电缆	7.707
5	7108	黄金制品（包括镀铂的金）	6.593	7108	黄金制品（包括镀铂的金）	6.313

数据来源：联合国贸易数据库网站。

据联合国贸易数据库统计，2015 年埃及主要进口来源国前五位国家为中国、美国、德国、意大利、俄罗斯，其中，从中国进口额达到 119.63 亿美元，占埃及主要进口来源国前五位国家总进口额的 44.4%（见表 5）。2015 年，埃及主要出口目的国前五位国家有沙特阿拉伯、意大利、德国、美国、印度等，其中，向沙特阿拉伯、意大利出口额分别为 22.62 亿美元和 22.02 亿美元，占埃及出口目的国前五位国家总出口额的 47.8%（见表 6）。

表5　2014～2015年埃及进口来源国前五位国家

单位：亿美元

排名	2014年 主要进口来源国	2014年 进口额	2015年 主要进口来源国	2015年 进口额
1	中国	104.61	中国	119.63
2	美国	64.73	美国	47.53
3	俄罗斯	41.10	德国	37.25
4	德国	38.51	意大利	32.71
5	阿联酋	37.25	俄罗斯	32.53

数据来源：联合国贸易数据库网站。

表6　2014～2015年埃及出口目的国前五位国家

单位：亿美元

排名	2014年 主要出口目的国	2014年出口额	2015年 主要出口目的国	2015年 出口额
1	意大利	31.81	沙特阿拉伯	22.62
2	沙特阿拉伯	22.10	意大利	22.02
3	德国	20.33	德国	19.31
4	印度	18.73	美国	14.80
5	美国	14.82	印度	14.61

数据来源：联合国贸易数据库网站。

（三）吸引外资与对外投资

从外资来源地看，欧盟、美国和阿拉伯国家是埃及外资的主要来源地。据埃及中央银行统计，截至2014～2015财年，英国、阿联酋、美国是埃及前三大外资来源国，在埃及投资流量分别为59.45亿美元、13.29亿美元、8.83亿美元。据联合国贸易和发展会议发布的《世界投资报告（2016）》，埃及2015年吸引外商直接投资存量为942.66亿美元（见表7），2008～2015年埃及吸引外国直接投资存量年均增长率为6.67%。2015年，埃及对外直接投资流量为77.31亿美元（见表8），2008～2015年埃及对外直接投资的存量年均增长率为11.10%。

表 7 2008～2015 年埃及吸引外国直接投资存量统计

单位：亿美元

年份	2008	2009	2010	2011	2012	2013	2014	2015
FDI 存量	599.97	667.09	730.95	726.12	794.93	850.46	878.82	942.66

数据来源：《世界投资报告》（2014；2015；2016）。

表 8 2008～2015 年埃及对外直接投资存量统计

单位：亿美元

年份	2008	2009	2010	2011	2012	2013	2014	2015
OFDI 存量	37.01	42.73	54.48	60.74	62.85	65.86	68.39	77.31

数据来源：《世界投资报告》（2014；2015；2016）。

五 与世界主要国家的关系

（一）与中国的关系

中国与埃及同为世界四大文明古国，都是人类文明的发祥地。早在公元前 11 世纪，中国的丝绸就辗转运抵埃及。埃及的亚历山大城是中国史籍上最早出现的非洲地名。在历史长河中，两国人民往来不断。1955 年 4 月，印尼万隆召开了第一次亚非会议。会议期间，周恩来总理与纳赛尔总统多次深入交谈，就共同关心的国际问题交换了意见，澄清了一些因西方媒体恶意报道而产生的对新中国的误解和疑虑。1956 年 5 月 16 日，埃及政府宣布承认中华人民共和国，埃及成为首个与新中国建立正式外交关系的阿拉伯和非洲国家。1958 年，埃及在西藏和中印边界等问题上对中国进行攻击，双方关系趋冷。20 世纪 60 年代，周总理三次访埃，增进了相互了解，改善了两国关系。1964 年 12 月，两国签订经济、技术合作协定，中国首次向埃提供大笔长期无息贷款。

自两国建交以来，埃及一直奉行“一个中国”的政策，赞赏中国在一系列重大国际问题上的立场和观点。1971 年，埃及在联合国表决有关恢复中华人民共和国在联合国的合法席位提案时，投了赞成票。1999 年 4 月 5 日，穆巴拉克总统第 7 次访华，与江泽民主席签署了《联合公报》，宣布两国建立面向 21 世纪的战略合作关系。2004 年 1 月，胡锦涛主席访问埃及，在会见阿盟秘书长穆萨和阿盟 22 个成员国驻阿盟代表时宣布“中阿合作论坛”成立。2006 年 6 月，在中埃建交 50 周年之际，温家宝总理访问埃及，双方签署了《中华人民共和国和阿拉伯埃及共和国关于深化战略合作关系的实施纲要》。2006 年 11 月，埃及宣布承认中国完全市场经济地位。两国政府积极鼓励和推动双方企业扩大经贸合作，双边贸易额持续增长。2008 年，两国贸易额为 63.03 亿美元，2013 年首次突破百亿美元，达 102.13 亿美元。2014 年，塞西总统访华，与习近平主席共同签署了《中埃关于建立全面战略伙伴关系的联合声明》，将两国关系推上了更高水平。2015 年，双边贸易额达到 128.79 亿美元，同比增长 10.83%。中国现已成为埃及最大的贸易伙伴（见表 9）。

表 9　2008～2015 年埃及与中国进出口贸易额

单位：亿美元，%

年份	进出口总额		中国进口额		中国出口额	
	金额	同比	金额	同比	金额	同比
2008	63.03	34.88	4.29	78.75	58.74	32.51
2009	58.45	-7.27	7.37	71.79	51.08	-13.04
2010	69.59	19.06	9.18	24.56	60.41	18.27
2011	88.01	26.48	15.18	65.36	72.83	20.56
2012	95.45	8.44	13.21	-12.98	82.24	12.92
2013	102.15	7.01	18.52	40.20	83.63	1.69
2014	116.20	13.77	11.60	-37.37	104.60	25.07
2015	128.79	10.83	9.16	-21.03	119.63	14.37

数据来源：《中国对外投资统计公报（2015）》。

中埃两国在文化教育领域的交流与合作也不断加强。埃及的汉语教学成绩令人鼓舞。艾因·夏姆斯大学被誉为“埃及汉语之母”，艾大中文系已成为非洲和阿拉伯地区规模最大、学制最正规、设备最完善、师资最雄厚的汉语教学基地。爱资哈尔大学、法尤姆大学等高校也开设了中文专业，开罗中国文化中心、埃中友好协会开办了中文培训班。2007年，开罗大学与北京大学合作成立北非地区第一家孔子学院。2008年，华北电力大学与苏伊士运河大学合建了埃及第二所孔子学院。埃及中文教学的发展已经并将继续加深两国人民的了解和友谊，推动两国友好合作关系的发展。此外，2014年以来，宁夏大学已选派近260名学生赴埃及访学，埃及已成为中国阿拉伯语专业学生赴外学习的首选国家。

（二）与美国的关系

由于处在重要的战略位置，因此埃及在美国的全球军事战略中占有极其重要的地位。埃及也被认为是美国在中东地区和阿拉伯世界最坚定的盟友。而美埃关系主要是建立在美国对埃及的大量援助上。纳赛尔总统时期，埃美关系比较紧张。1967年“六·五”战争后，埃及宣布同美断交。1973年“十月战争”以后，埃美关系明显改善和发展。1974年2月，两国复交。穆巴拉克总统执政后，两国关系日趋密切，有“特殊战略伙伴”关系。自1979年埃及与以色列签署和平协议以来，美国每年向埃及提供21亿美元的援助，其中军事援助13亿美元。1998年，美埃签署协议，商定美在未来10年内每年减少5%的对埃及政府经济援助，至2008年减至4.07亿美元。虽然援助费用减少，但美采取其他方式弥补，因此援助总额并未大幅减少。2011年，美国宣布向埃及提供1.5亿美元额外经济援助，帮助埃及恢复经济和完成民主过渡。2013年，埃及接受的军事援助占到美国对外军事援助（FMF）资金的1/5。2013年7月初，埃及政局再度剧变，美国对埃及军方强力镇压穆斯林兄弟会（以下简称“穆兄会”）持批评态度，并暂停对埃及部分军事援助和经济援助。2014年6月塞西就任总统后，美埃关系有所缓和，美国恢复对埃及部分援助，塞西总统赴美国参加第69届联合国大会。2015年3月，美国国务卿克里率团出席“埃及经济发展大会”，同月，奥巴马总统在同塞西总统通话时宣布，美将继续向埃及交付 F－16 战斗机、“鱼叉”式导弹、M1A1 主战坦克等装备。近些年，美国对埃及军事援助资金占埃及每年国防预算的 30% 左右。

（三）与俄罗斯的关系

1943 年，埃及与苏联建立了公使级外交关系，1954 年升为大使级关系。纳赛尔时期，虽然奉行“不结盟政策”，但埃苏关系密切。“十月战争”后，尤其是在埃、以签订合约后，埃及与美国迅速靠拢，与苏联逐步拉开距离。1979 年，苏联入侵阿富汗，埃及批评苏联奉行“帝国主义”政策，宣布将训练阿富汗人推翻苏联在阿富汗的傀儡政权。苏联则指责萨达特奉行投降政策，同美国的反动政策相一致。1980 年，埃及驱逐苏联军事专家，双方相互驱逐外交官，两国关系降至冰点。穆巴拉克总统执政后，两国关系逐步改善。1983 年，双方签署了贸易、文化、渔业合作协定。1984 年，埃苏恢复互派大使。1991 年苏联解体后，埃及承认各国独立，并与大多数独联体国家建立了外交关系。2014 年 8 月，埃及总统塞西访俄。2015 年 2 月，俄罗斯总统普京访问埃及，5 月，塞西总统出席俄罗斯卫国战争胜利 70 周年庆典，埃俄关系达到历史最好水平。11 月，埃俄签署首座核电站建设协议。

（四）埃及与欧盟国家的关系

纳赛尔执政时期，埃及同西欧主要国家关系冷淡。萨达特上台后，埃及开始注意改善同西欧国家关系。1973 年“十月战争”后，埃及同西欧国家关系有较大发展。穆巴拉克执政后，频繁出访欧盟国家，双方往来密切。2013 年 7 月初，埃政局再次剧变后，欧盟积极斡旋调解埃危机，欧盟外交和安全政策高级代表阿什顿多次赴埃斡旋。2014 年，埃及外长法赫米先后出访意大利、德国和荷兰，出席欧洲—非盟峰会，由此埃及与意大利、法国等关系回暖。11 月，塞西先后访问意大利、法国。2015 年 2 月，埃及与法国签订合同，购买 24 架“阵风”战机和一艘护卫舰，合同总额达 52 亿欧元。9 月，法国同意向埃及转售 2 艘“西北风”级直升机航母，合同总额为 9.5 亿欧元。2016 年 2 月，埃意关系因一名意大利留学生在埃遇害遭受影响，4 月意召回驻埃大使，7 月意议会决定暂停对埃军事援助。

（五）与沙特等海湾国家的关系

埃及同沙特等海湾国家在经济、人员交往和宗教事务方面有密切的合作关系。1979 年埃以和约签订后，沙特同埃及断交。1987 年 11 月，埃沙恢复外交关系，沙特恢复了对埃及的经济援助。海湾危机爆发后，埃及应沙特要求派兵驻沙，沙特决定免除埃及所欠债务，并向埃及提供新的无偿经济援助 15 亿美元。2011 年 5 月，沙特宣布向埃及提供 40 亿美元的援助和贷款。2012 年 4 月，沙特逮捕埃及律师吉扎维引发埃及民众抗议示威，沙方一度关闭其驻埃及使领馆并召回大使。2013 年 7 月初埃及政局剧变后，沙特、科威特、阿联酋等海湾国家紧急向埃及提供 120 亿美元经济援助。2014 年 6 月，沙特王储、科威特埃米尔、巴林国王等出席了塞西总统就职典礼。2015 年 3 月，埃及参加沙特主导的对也门胡塞武装的“决心风暴”军事行动。同年，沙特、阿联酋、科威特、阿曼因四国在“埃及经济发展大会”上向埃及提供 125 亿美元的投资、央行存款和援助。因卡塔尔支持埃及穆兄会，两国关系处于僵冷状态。在沙特调解下，埃卡关系一度有所缓和。2015 年 2 月，因在埃及空袭利比亚境内“伊斯兰国”目标问题上存在尖锐分歧，卡塔尔召回驻埃及大使，埃卡关系再度恶化。

现当代埃及社会文献研究综述

埃及位于北非东部，领土还包括苏伊士运河以东、亚洲西南端的西奈半岛。埃及既是亚、非之间的陆地交通要冲，也是大西洋与印度洋之间海上航线的捷径，战略位置十分重要。埃及是中东人口最多的国家，也是非洲人口第二大国，在经济、科技领域长期处于非洲领先地位。

一　文献资料来源及概况

我们通过中国知网查询近现代埃及社会研究的相关文献，从中选择了与我们的关注点相关的108篇文章。这些文章大多撰写于2010年后，被引用率和下载率相对居于前列。其中，大多数文献运用西方理论来分析现当代埃及的种种问题，多采用西方英文文献与媒体信息，少数参阅了阿文文献及互联网内容。其中，53篇涉及政治领域的部分主题，主要包括埃及革命、埃及外交、埃及军人政权、埃及民主转型、穆兄会、埃及与中国“一带一路”战略合作、埃及新宪法、科普特人、塞西、阿拉伯民族主义与伊斯兰主义交织更迭的思潮，以及埃及共产主义运动、埃及新文化研究等。6篇涉及社会领域的部分主题，主要包括人口、社会结构、社会保障制度、突出社会问题、中产阶级和青年研究等。7 篇涉及农业领域的部分主题，包括农业概况、粮食问题、农业机械化发展现状和中埃农业合作等。8 篇涉及工业领域的部分主题，包括纺织品、高铁和工业滞后等问题。14 篇涉及经济领域的部分主题，包括经济发展现状与战略、新苏伊士运河经济区、工程承包市场、货币、进出口商品问题等。4 篇涉及新媒体与社会转型问题。11 篇涉及教育领域的相关主题，包括基础教育、高等教育、宗教教育、汉语教学和远程教育等。5 篇涉及妇女问题，包括妇女发展、妇女教育和妇女的政治参与等。

二　政治研究

（一）民主革命

对于近些年埃及的政局动荡，研究者多用西方理论范式，考察埃及作为一个后发型国家，与民主宪政嫁接政治转型水土不服的现象及原因。

郭小虎在《埃及政治整合困境探源与前景展望》[①] 一文中，以著名比较政治学者白鲁洵（Lucian · Pye）提出的由认同危机、法理危机、参与危机、贯彻危机和分配危机构成的整合危机理论为切入点，在全球化视野下重点分析以穆兄会为班底的穆尔西政府在整合政治资源方面的突出问题，比如与美国和阿拉伯世界的多边关系，试行宪政与军人干政所造成的民主虚化、社会贫富分化、多元文化分裂等，主张平衡外交关系、制定合理的政治路线图、振兴民生，以及着眼于挖掘伊斯兰文化的内源现代性等。

毛志浩在《威权主义视野下的埃及民主转型分析》[②] 一文中，谈及埃及威权主义政治模式形成的历史原因、经济原因和政治原因，以及这

① 郭小虎：《埃及政治整合困境探源与前景展望》，《阿拉伯世界研究》2014 年第 1 期。
② 毛志浩：《威权主义视野下的埃及民主转型分析》，《亚非纵横》2015 年第 2 期。

种模式造成的种种弊端，呼吁实现经济发展、树立宪法权威、调解政治博弈。

郑已东在《埃及社会转型期的政治合法性危机与应对》[①] 一文中，应用马克斯·韦伯、哈贝马斯以及亨廷顿的合法性理论，考察了埃及穆巴拉克政府在制定外交调整、民主原则和经济政策方面的积极举措，以及引发合法性危机的种种弊端。

范鸿达和岳非平在《“1·25 革命”前后埃及政治转型比较》[②] 一文中，借鉴西方学者奥唐奈、施密特、林茨和斯泰潘等人的威权统治、政治转型等理论，分析认为穆巴拉克时代的民主转型缺乏基础权利和社会权利的支撑，革命后埃及的民主建设还有从选举到善治的一段漫长道路。

王泰、焦玉奎在《宪政民主下的埃及大选及其影响》[③] 一文中，回顾了 20 世纪埃及宪政运动的历史演进，肯定了 2005 年大选的历史意义。

贺文萍的《中东变局后北非国家民主转型的困境》[④] 一文则基于马克思主义民主理论的分析视角，认为埃及民主的阶级属性尚未形成，民主文化亟须培育。

易小明在《转型时期的埃及左翼政党：2011—2014》[⑤] 一文中提到，频繁分化组合使埃及左翼政党趋于涣散和边缘化，这是因为其政治基础日渐被侵蚀，而其在关键议题上前后矛盾的做法使之无法取信于民众，其对穆兄会等政治伊斯兰倾向的错误态度也不符合埃及的社会实际。

陈文、胡胜全在《从金字塔顶溃落：埃及民族民主党垮台的系统因素分析》[⑥] 一文中，认为埃及民族民主党垮台的原因在于领袖个人魅

① 郑已东：《埃及社会转型期的政治合法性危机与应对》，《学术探索》2014 年第 3 期。
② 范鸿达、岳非平：《“1·25 革命”前后埃及政治转型比较》，《阿拉伯世界研究》2014 年第 7 期。
③ 王泰、焦玉奎：《宪政民主下的埃及大选及其影响》，《西亚非洲》2006 年第 4 期。
④ 贺文萍：《中东变局后北非国家民主转型的困境》，《西亚非洲》2015 年第 4 期。
⑤ 易小明：《转型时期的埃及左翼政党：2011—2014》，《当代世界与社会主义》2015 年第 3 期。
⑥ 陈文、胡胜全：《从金字塔顶溃落：埃及民族民主党垮台的系统因素分析》，《国外理论动态》2013 年第 11 期。

力的衰弱、意识形态的多元混杂与斗争、执政绩效的持续走低以及压制型权力体系的溃散。政治共识的形成以及民众对现代民主规则的遵守不是一蹴而就的，同时还要应对经济市场化、社会变迁多元化、国际环境日益开放和民众政治参与诉求增长的现实挑战。

而赵大朋在《埃及民族民主党丢失政权的原因解读》[①] 一文中也指出了家族政治盛行与国家权力私有化、公民权利空心化与社会管理模式刚性化等弊端。

（二）穆兄会

研究者对埃及穆兄会的源流变革、优势短板及其在埃及动荡力量对比中的沉浮机理进行了详细探讨，认为时局变幻却不能以此论断其成败，穆兄会仍然是蛰伏中的不可忽视的力量。

丁俊、马黛瑞在《中东变局中的穆斯林兄弟会》[②] 一文中，论及1928 年成立于埃及的穆兄会是中东地区最具影响力的宗教政治组织。长期以来，穆兄会一直谋求通过推翻世俗政权、建立伊斯兰政权，实现阿拉伯民族复兴和伊斯兰文明的重建。然而，由于奉行激进路线，甚至不惜采取武力夺权的方式，因而穆兄会屡遭镇压。近年来，为了适应国际及地区形势的变化以及阿拉伯国家的政治转型，穆兄会开始自我调适，出现温和化、政党化发展趋势，并逐步走向政治舞台前列。尽管走上执政舞台刚满一年的埃及穆兄会在一夜之间再次垮台，但它是已有85 年历史的老牌伊斯兰政治组织，因此断言穆兄会在中东政治博弈中已被淘汰出局还为时尚早。

赵建明在《穆斯林兄弟会与埃及政治变局》[③] 一文中，对穆兄会在草根阶层、知识青年和专业人士中的广泛群众基础，它与当局既斗争又

① 赵大朋：《埃及民族民主党丢失政权的原因解读》，《中共天津市委党校学报》2014 年第 1 期。
② 丁俊、马黛瑞：《中东变局中的穆斯林兄弟会》，《西北民族大学学报》（哲学社会科学版）2015 年第 1 期。
③ 赵建明：《穆斯林兄弟会与埃及政治变局》，《现代国际关系》2011 年第 6 期。

妥协的关系，及其决策体制僵化所造成的应变能力差等问题进行了一一阐述。

陈万里、全天在《从埃及穆兄会的社会与政治关系治理看穆尔西下台》[①] 一文中应用关系治理和规则治理理论，对根植于埃及社会中的军队势力、宗教势力与世俗力量的领导权之争仔细分析，认为埃及社会僵硬和对立的关系治理导致乱象丛生，这期间种种源流详加探讨。

吕桂萍的《埃及穆斯林兄弟会的兴衰历史及原因探究》[②] 一文对穆兄会的优势与劣势以及当前的复杂状况进行了梳理。

（三）军人政权

研究者从埃及现当代的历史生态出发，分析了军队在埃及各个时期政局发展中的正面及负面作用，多认为此种历史循环有碍民主宪政的健康发育。

黄前明、李荣建在《当代埃及军队的职能演变与军政关系调整》[③] 一文中谈道，在纳赛尔时期，埃及建立了一个典型的军人政权。1967年第三次中东战争中，埃及的惨败打破了这一模式，促使埃及军队向职业化的方向发展，埃及政府出现了文官化潮流。然而，由于纳赛尔军人政权导致的路径依赖，埃及的政治、经济转型困难以及军队的自利行为，埃及军队现已演化为国内最强大的利益集团之一，其政治立场日趋保守。

张楚楚在《军人上台，埃及民主前景如何》[④] 一文中指出，在埃及，能够左右政局的主要是四股力量：军方、伊斯兰政治势力、世俗左翼、世俗自由派。前两者分别掌握国家武装部队与群众基础，旗鼓相

---

① 陈万里、全天：《从埃及穆兄会的社会与政治关系治理看穆尔西下台》，《国际研究参考》2013 年第 11 期。

② 吕桂萍：《埃及穆斯林兄弟会的兴衰历史及原因探究》，《上海党史与党建》2014 年第 7 期。

③ 黄前明、李荣建：《当代埃及军队的职能演变与军政关系调整》，《武汉大学学报》（人文科学版）2014 年第 1 期。

④ 张楚楚：《军人上台，埃及民主前景如何》，《南风窗》2014 年第 13 期。

当。他认为若一味打压穆兄会却不拓宽体制内参政空间，威权政体的延续与民众参政诉求高涨间的矛盾将无法解决。

朱泉钢、王林聪在《论军队在埃及变局及其政治转型中的作用》[①]一文中则认为，中东变局发生后，埃及教俗之间的对峙、军方与文官政府（穆尔西时期）之间的矛盾相互交织，但军方仍直接或间接主导着埃及政治转型进程，其作用具有双重性：是维护埃及社会稳定的最重要力量，对于防止社会分裂、保证社会秩序、结束政治混乱发挥着重要作用；同时作为特殊利益团体，其行动逻辑明显仍在维护军方特权地位。

李睿恒在《普力夺社会视角下的当代埃及军人干政》[②]一文中，运用亨廷顿军人干政的“普力夺”社会概念，及寡头普力夺、激进普力夺与群众普力夺三个阶段理论，分析了纳赛尔、穆巴拉克、穆尔西与塞西执政时军队力量与角色的演进过程，并认为推动军队改革，使军队循序渐进地脱离社会与经济事务的利益链条，仍是必由之路。

和兴华则在《穆巴拉克时期埃及军队的经济角色探析》[③]一文中提到，总统为军方提供物质利益并庇护他们，以换取军方对其的效忠，军方则不择手段以牺牲国家利益来攫取巨额财富的现象。

（四）宪法

有学者通过对埃及新旧宪法的比较分析，认为其中仍然反映着各种势力的角力纠葛，很多关系尚未理顺，难以保证未来的道路通畅。

夏新华、丁峰在《政治转型时期埃及的宪法危机及启示》[④]一文中分析到，在三次宪法公投中，2011年军方宪法宣言的民众投票率最高（41.19%），得票率居中（70%），反映了推翻穆巴拉克政权后埃及人民的政治参与热情和期待，以及军方对局势的强力控制。2012年宪法

---

① 朱泉钢、王林聪：《论军队在埃及变局及其政治转型中的作用》，《西亚非洲》2014年第3期。

② 李睿恒：《普力夺社会视角下的当代埃及军人干政》，《亚非纵横》2015年第2期。

③ 和兴华：《穆巴拉克时期埃及军队的经济角色探析》，《黑龙江史志》2014年第9期。

④ 夏新华、丁峰：《政治转型时期埃及的宪法危机及启示》，《湖南师范大学社会科学学报》2015年第3期。

公投的最终投票率只有33%，支持率也只有64%，反映了当时埃及深重的教俗冲突带来的社会撕裂。当穆兄会的支持者为宪法获得通过倍感欣喜时，埃及媒体和反对派却普遍采用了另一种所谓的“埃及算法”解读公投结果：33% ×64% =21.12%，即全国只有21%的人赞同宪法和穆尔西执政，总统和宪法都已丧失合法性。从那时起，上述“埃及算法”被媒体和民众频繁引用。2014年宪法公投属于典型的高通过率（98.1%）、低投票率（38.6%），如果按照“埃及算法”，参与投票且投赞成票的只占全国总人口的37%（38% ×98%），98%的高支持率并不说明新宪法获得广泛民意支持，全国逾60%的民众没有投票、抵制投票或投反对票。三年内，埃及先后中止两部宪法，废弃两次宪法声明，举行三次宪法公投，推翻两位总统又选举出两位总统，折射出埃及宪制发展曲折复杂的演进态势。他们认为西方宪政模式不可照搬，培育民族特色的本土宪法文化至关重要；公投民主的合法性与相对性并存，并非济世良方。

萧春在《从埃及新宪法获公投通过看埃政局走向》① 一文中，剖析了2014年新宪法的若干特点：一是总统权力受限；二是禁止在宗教基础上成立政党；三是改“两院制”为“一院制”，取消协商会议（议会上院）。

余建华在《宪法公投对后穆巴拉克时代埃及社会政治的影响》② 一文中，通过梳理穆尔西时期的种种政治暗流，重申埃及社会改善民生是为政权夯实的要义所在。

王琼在《政治变革中新旧埃及宪法的比较分析》③ 一文中，详细对比了新旧宪法关于伊斯兰教法的规定、对军方权力的确立、对公民权利的增删和有关政治组织结构的变动等。

① 萧春：《从埃及新宪法获公投通过看埃政局走向》，《当代世界》2014年第3期。

② 余建华：《宪法公投对后穆巴拉克时代埃及社会政治的影响》，《阿拉伯世界研究》2013年第2期。

③ 王琼：《政治变革中新旧埃及宪法的比较分析》，《亚非纵横》2014年第2期。

（五）外交

研究者从埃及的国内外情况出发，分析其整体互动调整的脉络，并重点解剖了其与美国、巴勒斯坦的关系。

王京烈在《埃及外交政策分析》[①] 一文中谈道，阿拉伯世界、非洲大陆和伊斯兰世界是埃及外交活动能够发挥重大作用的三个舞台，即构成所谓的“三个圈子”——埃及向来能够从中争取协调一致的同盟军。这“三个圈子”是埃及的重要外交资源。通过“三个圈子”排列的相对变化，可以窥见埃及外交政策发展、变化和调整的轨迹。

叶青在《埃及外交政策新论》[②] 一文中回顾了纳赛尔、萨达特和穆巴拉克时期埃及的外交政策，并分析了制约其外交发展的国内因素、国际格局因素等。

陈天社在《埃及对巴勒斯坦问题的影响》[③] 一文中提到埃及积极推动巴以和谈，但有碍自身利益时，亦有对巴勒斯坦的制约举措。

谢立忱、田志馥在《民族主义视角下的埃及对外关系》[④] 一文中，则论及埃及的外交政策长期受到阿拉伯民族主义与埃及民族主义两种相矛盾意识形态的掣肘，从而其对外关系格局受到直接影响。

而安高乐在《“阿拉伯之冬”的原因及对美国中东政策的挑战——基于埃及的思考》[⑤] 一文中，谈到伊斯兰世界部分国家掀起了一股反美浪潮，对美国在中东的外交政策构成了挑战。他从埃及国内政治的层面、美国对穆斯林世界的政策和文明冲突的视角分析反美浪潮的原因，探讨了美国可能对此采取的应对措施。

---

① 王京烈：《埃及外交政策分析》，《西亚非洲》2006 年第 4 期。

② 叶青：《埃及外交政策新论》，《阿拉伯世界》2004 年第 6 期。

③ 陈天社：《埃及对巴勒斯坦问题的影响》，《世界民族》2005 年第 3 期。

④ 谢立忱、田志馥：《民族主义视角下的埃及对外关系》，《世界民族》2009 年第 5 期。

⑤ 安高乐：《“阿拉伯之冬”的原因及对美国中东政策的挑战——基于埃及的思考》，《印度洋经济体研究》2014 年第 4 期。

（六）政治思潮

对于处在民族主义和伊斯兰主义漩涡中的埃及，研究者对埃及民族认同和宗教认同的走势进行了追踪，认为笼罩在殖民和部落分裂主义历史阴影中的阿拉伯人，转而聚集在伊斯兰宗教主义的麾下，是历史逻辑使然。

王泰在《一战与埃及民族主义运动的转折趋势》[①] 一文中提到，1922 年 3 月 15 日埃及正式独立，是近代埃及民族主义运动历史上的首次重要胜利，它第一次动员了埃及所有阶层（农民、工人、学生、土地所有者和知识分子）和教派起来反对英国殖民主义，它由一战前后的诸多因素合力形成，今日埃及也在等待着新的历史节点触发民族振兴的契机。

郭依峰在《价值观认同视角下的埃及民族主义与伊斯兰主义之争》[②] 一文谈及，1924 年奥斯曼帝国终结后，埃及的阿拉伯民族主义与伊斯兰主义相继出现，当民族主义走入末路时，伴随着伊斯兰复兴的三种典型思潮——伊斯兰改革主义、伊斯兰主义和泛伊斯兰主义的出现，埃及的宗教认同已渐渐超过民族认同。

庄晨燕在《北非“阿拉伯之春”对民族国家建构之启示》[③] 一文中认为，只有基于民生的国家建构、多元文化的国家建构，才能建立起国家制度与国民身份相契合的民族国家。

（七）塞西执政

研究者列举了塞西上台以来的种种举措，分析其中利弊，观察塞西是否能够有力提振民生、稳固政治根基。

---

① 王泰：《一战与埃及民族主义运动的转折趋势》，《阿拉伯世界研究》2015 年第 2 期。

② 郭依峰：《价值观认同视角下的埃及民族主义与伊斯兰主义之争》，《国际关系研究》2013 年第 6 期。

③ 庄晨燕：《北非“阿拉伯之春”对民族国家建构之启示》，《中央民族大学学报》（哲学社会科学版）2015 年第 1 期。

杨福昌在《塞西当选总统后的埃及形势》一文中提到，根据2014年5月埃及政府提出的2014～2015年度预算，总支出为8070亿埃镑，总收入为5170亿埃镑，赤字为2900亿埃镑，占国内生产总值的12%，大大超过国际公认的警戒线。在支出项目中，工资为2090亿埃镑，各项补贴为2530亿埃镑，付债务利息为2020亿埃镑，用于投资建设等的开支约为1400亿埃镑。上述四项开支过去均约占总支出的1/4。新预算中，补贴大增，投资减少，照顾了人们的生活，却顾不上发展。生产不发展，生活难有提高。塞西没有批准该预算，认为赤字太大，要求修改。2014年6月29日，塞西批准了修正后的预算：支出为7890亿埃镑，收入为5990亿埃镑，赤字为1900亿埃镑，占国内生产总值的10%。同原预算相比，收入增加，支出下降。

为下减少赤字，政府采取了以下措施。第一，增加税收。新增或调整了房产税、证券税、矿产税、烟酒税等，对年收入超过百万埃镑的富人，3年内多征5%的附加税（从2014年1月起）。税务局局长穆斯塔法说，税率调整后，将增加100亿埃镑收入，其中30亿～35亿埃镑为对富人增加的附加税。第二，提高燃料价格。埃及内阁决定自2014年7月5日起提高油气价格，92号油由1.85埃镑提高到2.60埃镑，95号油由5.85埃镑提高到6.25埃镑，等等。燃料几十年来享受补贴，低价运转。这次提价招致一些人不满，称92号油提得多，95号油提得少，照顾了富人。石油矿产部部长谢里夫说，燃料提价后减少了410亿埃镑补贴，但仍达1003亿埃镑。第三，成立捐献基金。2014年7月1日，塞西决定成立“埃及万岁基金”，由他和爱资哈尔大学校长、基督教长老、财政部部长负责管理，接受国内外的埃及人捐献。他宣布他本人每月只领一半薪水，同时把自己一半财产献给国家。[1]

由于获得人民、军队、政治家以及多数海合会国家的支持，塞西的当选有其必然性。今后，塞西政府应在发展中实现社会稳定，对社会力

① 杨福昌：《塞西当选总统后的埃及形势》，《西亚非洲》2014年第5期。

量团结为上，抓好青年的稳定工作，早日解决经济困难，积极改善国际处境。

王震在《塞西的“埃及振兴计划”正在进行》[①] 一文中，将塞西的经济改革举措概括为两方面：一是改革国内财政制度，努力减少财政赤字和对外依赖；二是通过新的经济刺激计划推动经济快速增长。他将其周边外交举措归纳为两个层面：一是遏制极端伊斯兰势力，防止暴力恐怖活动和极端宗教势力蔓延到埃及境内；二是寻求与周边国家的合作，进而谋求恢复埃及在中东地区的影响力。他还强调塞西外交的另一大看点便是更为多元化和更为平衡的大国外交。

李国富在《展望大选后埃及内外政策的走向》[②] 一文中补充道，埃及的一些青年组织如“四月六日运动”等在动员组织推翻穆巴拉克和穆尔西政权中发挥了重要作用，但未能享受“革命果实”。如何将这些年轻人纳入国家政策制定和管理过程中，并为他们创造更多的就业机会，对营造一个包容的社会氛围和埃及社会的长治久安是十分重要的。同时“穆兄会”问题也为埃及的地缘政治格局带来更多的不稳定因素。

廖百智在《埃及新总统塞西》[③] 一文中，肯定了塞西的统治基础和控局能力，也承认局势动荡和经济痼疾使得塞西执政之路存在太多变数，西方国家对塞西普遍持观望态度，也许那位选民的话会应验，“塞西有两年的时间，如果失败了，他就没有权力继续当总统，要和其他人一样被投进监狱”。

而王猛在《“法老”、总统和国家——从塞西当选埃及总统说开去》[④] 一文中明确认为，对于埃及这样的地区性大国，最现实的良性发展路径就是摒弃法老式的零和斗争思维，所有派别都承认自身的能力限度，尊重社会发展的复杂性，理解社会建设的艰巨性，先完善政治制

① 王震：《塞西的“埃及振兴计划”正在进行》，《世界知识》2014 年第 17 期。
② 李国富：《展望大选后埃及内外政策的走向》，《当代世界》2014 年第 8 期。
③ 廖百智：《埃及新总统塞西》，《国际研究参考》2014 年第 7 期。
④ 王猛：《“法老”、总统和国家——从塞西当选埃及总统说开去》，《世界知识》2014 年第 12 期。

度，后深化政治参与，稳步地提升政治制度化水平；构筑有足够包容性的利益博弈平台，合力推动整个国家的持续健康发展。

（八）科普特问题

科普特人作为埃及的少数民族，总体上与穆斯林和平相处，但也不乏摩擦冲突。当整个国家被宗教意识形态笼罩时，科普特人便难免处于边缘状态，但当国家认同意识突出时，科普特人便会被当作国民力量的一分子团结进来。

李福泉在《埃及科普特人问题探析》[①] 一文中指出，科普特人是埃及信仰基督教的少数民族，也是目前中东最大的基督教社团，占埃及总人口的7%～10%。20 世纪 90 年代曾任联合国秘书长的加利即其中一分子。在伊斯兰教产生之初，科普特人泛指所有埃及人，他们主要信仰“基督一性论”。公元 641 年，阿拉伯人征服埃及后，大部分科普特人开始改奉伊斯兰教。到 9 世纪末，穆斯林已在埃及占据多数。而到 11 世纪，阿拉伯语成为埃及人的通用语言。最终，埃及穆斯林融合为阿拉伯人，科普特人则仅指保留原有信仰的那部分人。由于长期共居一地，相互交往，因此除宗教外，科普特人与穆斯林在体貌特征和生活习俗等方面几乎无差别。19 世纪以前，米勒特制度使科普特人在政治上处于从属地位，但穆斯林与科普特人在埃及基本上长期相安无事。

李福泉的文章还检视了科普特人地位变迁的若干发展阶段：穆斯林封建王朝时期（公元 7～18 世纪）的二等臣民，阿里王朝前期（1805～1882 年）的步入中心，英国殖民时期（1882～1952 年）的尝试融入，纳赛尔时期（1952～1970 年）的滑向边缘，萨达特时期（1970～1981 年）的处境艰难，以及穆巴拉克时期（1981～2011 年）的大局未变。他还指出，无论是阿拉伯民族主义还是（泛）伊斯兰主义，都会对埃及国民产生强烈的分裂效应，只有淡化“阿拉伯”“伊斯兰”属性，突

① 李福泉：《埃及科普特人问题探析》，《世界民族》2007 年第 5 期。

出“埃及”属性，才可能使科普特人享有应得的权利。

潘蔚娟在《试析埃及科普特人战后政治地位的演变原因》[①] 一文中，从埃及总统对宗教和科普特人的态度、政府法律条规对科普特人的影响、科普特基督教和科普特人对埃及政府的态度等三方面，梳理了埃及科普特人在战后政治地位的演变过程，认为埃及总统发挥宗教职能的不同方式、埃及人共同的国民政治认同尚未真正形成，以及科普特人缺乏政治参与热情，是其政治地位变化的主要原因。

尤梅在《当代埃及社会穆斯林与基督徒关系浅析》[②] 一文中从宗教对话的角度出发审视该问题，并补充说社会动荡和西方媒体干涉加剧了这一矛盾。

三　社会研究

有学者认为，虽然受到国际金融危机的冲击，但因实施了经济体制改革，埃及经济在2011年以前还是有起色的，并曾被列为“新钻十一国”之一。然而政局动荡的阴云仍未散去，影响稳定的因素并未完全消除。与纠结于民主政治之合法性相比，回到振兴经济、解决青年失业危机的发展路径，聚焦于社会民生的有效治理，才是巩固和平之道。

而据埃及国家人口统计部门计算，按目前每个育龄妇女生育3.2个孩子的平均水平，到2017年埃及的人口将达到9460万，2030年将达到1.18亿。埃及目前的人口密度已跃居世界第16位。

埃及政府对人口增长过快的后果早有认识，从1962年起就开始倡导节制生育，提倡每个家庭只生育两个孩子。这一做法比中国早得多。但由于宗教、传统观念等因素的制约，埃及控制人口增长的效果一直不理想。

---

① 潘蔚娟：《试析埃及科普特人战后政治地位的演变原因》，《国际展望》2014年第1期。

② 尤梅：《当代埃及社会穆斯林与基督徒关系浅析》，《世界宗教文化》2011年第6期。

在城市方面，以青年为主体的新中产阶级面临失业、住房难、求学难与结婚难等问题，萨达特的自由化经济政策与穆巴拉克的私有化改革导致大批国企工人下岗；农村方面，保护小农与佃农土地政策的取消，导致土地结构的两极化发展，95.8%的小农拥有50%的土地，剩余土地则集中在少数人手中。20世纪以来，经济的高速增长导致埃及社会结构呈现沙漏型转变，两极分化日益严重，民生多艰。

安维华在《埃及的经济发展与社会问题探析》[①] 一文中提到，国际金融危机爆发后，赴国外工作的劳务人员一度不得不回国，导致失业问题更为突出。埃及政府公布的2007~2008财年的失业率为8.9%。2011年动荡发生时，官方统计的失业率为8.5%。比单纯的失业数字更为重要的是失业队伍的年龄与学业结构。目前在埃及失业人口中，90%失业者是29岁以下的青年，而且其中受过高等教育的学生所占比例很高。另据埃及官方统计，2010年埃及受过高等教育的人口失业率达到18%，高于全国平均失业率。

据埃及《金字塔报》2010年10月11日报道，2010年9月埃及通货膨胀率为11.7%，略高于8月的11.5%。平均消费价格如果以2000年为基准（100），2010年则为213.57。总价格指数若以2000年为基准（100），2010年则为220.11。到2010年底，埃及中低收入阶层民众的生活已经十分困难。据埃及国家统计局（CAPMAS）公布的数字，2011年1月埃及城市居民消费通胀指数从上一年12月的10.3%上升到10.8%。

据联合国开发计划署《2009年阿拉伯人类发展报告》统计，埃及大约41%的人口生活在贫困线以下，即3000万左右的埃及民众人均生活消费每天不足2美元。

而据2011年2月1日的《埃及新闻报》报道，开罗美利坚大学的社会学家阿明指出，埃及全国人口可以分为3个层次。第一层次是富人集团，占人口总数的20%，却拥有社会财富总量的55%，这些人或从

① 安维华：《埃及的经济发展与社会问题探析》，《西亚非洲》2011年第6期。

政，或经商，腰缠万贯，挥金如土；第二层次是中产阶级，占人口总数的20%，拥有27%的社会财富；第三层次是穷人，占人口总数的60%，由于收入微薄，拥有的财富仅占18%。在穷人阶层中，政府下层公务员占据了相当的比重。他们中具有大学学历的月收入为130埃镑（约合人民币280元），其他公务员的月收入在80埃镑到120埃镑之间。据统计，一个埃及家庭平均每月的生活支出是400埃镑（约合人民币850元）。因此，大多数下层公务员生活在贫困状态之中。

安维华在文中进一步说明，埃及进行经济体制改革，减少了国家行政性控制，改变了干预方式，扶植了私营企业的发展，扩大了市场机制作用的范围，促进了资源的开发与利用，但同时也扩大了贫富差距；埃及人口增长速度远远超过经济增长速度，国内就业空间有限，失业成为埃及经济发展的沉重包袱；通货膨胀更加重了广大低收入群体的生活困难；腐败问题进一步加剧了埃及的社会矛盾。

范鸿达、岳非平在《“1·25革命”前后埃及政治转型比较》[①]一文中提到，埃及财政部发布的2014年1月月度经济报告表明，2013~2014财年前三个月埃及经济增速仅为1%，与穆巴拉克时期的经济增长速度相差甚远；数据还表明，埃及投资和旅游业很不景气，2013年7~9月，投资同比下降7.3%，对经济增长的贡献率为-0.8%，而作为埃及经济支柱之一的旅游业的贡献率更是低至-0.9%；超过12%的通货膨胀率、高达13%的失业率及仅为171亿美元的外汇储备更是为经济复苏、社会稳定及民生改善蒙上了阴影。

王恋恋在《近代以降埃及现代化的探索》[②]一文中，阐明埃及的现代化进程无疑是伊斯兰世界现代化道路的一个缩影，经历了从盲从西方到探索自身现代化道路、从传统威权政治模式向现代民主政治模式、从以农为本的封建经济秩序到工业化和市场化的现代经济秩序、从封建人

---

① 范鸿达、岳非平：《“1·25革命”前后埃及政治转型比较》，《阿拉伯世界研究》2014年第4期。

② 王恋恋：《近代以降埃及现代化的探索》，《外国问题研究》2014年第4期。

身依附关系到现代自由民主的公民社会等诸多层面转变的历程，体现了埃及现代化进程中民主与专制的抗争、新旧经济秩序的更替以及社会结构的裂变。伊斯兰复兴思潮作为下层民众借助宗教外衣实现政治参与的重要途径之一，构成埃及现代化进程中不可或缺的一部分，却被长期排斥于政治体系之外。2011 年席卷阿拉伯世界的“阿拉伯之春”，正是埃及政治多元化和民主化革命的真实写照。街头政治同官方政治的对抗，最终迫使穆巴拉克和民族民主党下台，不得不说是埃及政治民主化长期实践的逻辑结果，标志着埃及现代化进程的长足进步。

从伊斯兰世界的历史沿革来看，以历代统治者颁布的“公法”为主体的行政法同教法学家创制的以“私法”为主体的沙里亚一直处于并行不悖的发展趋势，这也决定了政府自身在打造一支现代化的专业行政队伍的独立性。然而，由于沿袭萨达特时期利于私人投资的土地政策和发展私有经济的改革，私人地产和私人经济急剧膨胀，市场经济体系形成的同时也出现了诸多社会问题：贫富差距拉大、教育发展失衡、社会公平缺失、失业率过高、生产结构不合理和城市化水平分布差距过大等等。为了缩小埃及各阶层之间的差距，解决社会发展中的诸多问题，穆巴拉克在社会层面也采取了一系列措施，例如重视国家青年委员会、启动埃及城乡一体化国家开发计划和新河谷运河计划等。

埃及经济社会进步的主要内容在于土地改革、大规模工业化和市场体系的成形。在摆脱殖民统治之后，国家干预经济的国家资本主义经济原则成为埃及经济飞速发展以及工业基础得以完善的前提条件，既构成了推动埃及工业化进程的有力杠杆，亦是埃及集权政治在经济领域的延伸。专制独裁的传统政治体制导致权力、财富过度集中，社会贫富分化加剧以及社会不公等一系列的社会问题。

戴晓琦在《中产阶级与埃及政局变化》① 一文中提到，埃及中产阶级在被边缘化的同时，还面临着就业难、住房难、结婚难、求学难、医

① 戴晓琦：《中产阶级与埃及政局变化》，《阿拉伯世界研究》2012 年第 1 期。

疗难等困境，认为中产阶级在埃及政局变化的发起、主导和发展中起着重要的作用。在《埃及社会保障制度的出现及特征》① 一文中，他则认为纳赛尔时期建立的体系化的现代社会保障制度是计划经济的产物，为巩固年轻共和国及促进社会各阶级的融合起到积极作用。其负面影响是忽视了经济效率，培养了国民依赖国家的意识，最终成为影响国民经济发展的桎梏。进入萨达特与穆巴拉克时代后，政府对原社会保障制度进行了改革，建立了以市场经济为基础的新社会保障制度，稳定了埃及社会，促进了社会与经济的发展，但仍存在不少问题，需今后花大力气解决。

刘海军在《冷战后埃及青年问题初探》② 一文中谈道，冷战后埃及青年问题主要表现在以下几个方面：教育不公平现象普遍，青年失业率居高不下，青年成家困难，住房问题难以解决，青年性健康及吸食毒品问题令人担忧。青年问题不仅影响到埃及经济的持续发展与外交政策的制定，而且关系着埃及社会的稳定，并不自觉地推动了埃及政局的变革。

周明、曾向红在《埃及社会运动中的机会结构、水平网络与架构共鸣》③ 一文中探析了埃及 2005 年与 2011 年发生的两次致力于推翻穆巴拉克政府的大规模社会运动——“受够了”运动与“1·25”运动——为什么会带来不同的政治效应？该文以社会运动理论的视角分析发现，这两次社会运动在面临的政治机会结构、动员起来的资源（主要是水平网络）方面没有明显区别，它们之间的差异主要体现在运动架构产生的共鸣程度不同。这种差异进而影响到动员能力，最终产生了不同的政治后果。动员能力的差异才是导致两次社会运动产生不同结果的直接原因，而社会运动架构的集中性与经验的可通约性是影响埃及社

① 戴晓琪：《埃及社会保障制度的出现及特征》，《阿拉伯世界》2003 年第 1 期、2003 年第 2 期。

② 刘海军：《冷战后埃及青年问题初探》，《当代青年研究》2013 年第 3 期。

③ 周明、曾向红：《埃及社会运动中的机会结构、水平网络与架构共鸣》，《社会学研究》2011 年第 6 期。

会运动动员能力的关键因素。“受够了”运动与“1·25”运动提出了类似的架构，而且都面临埃及政府建构的反架构的挑战，甚至在影响架构共鸣程度的因素——架构持续性、经验可信性、架构提出者本身的可信性、描述的精确性——上近似，但由于在集中性与经验可通约性方面有所差异，所以这两次社会运动产生了不同的动员能力，从而带来不同的政治后果。

蒋灏在《试析当代埃及政府与公民社会的互动》[①] 一文中，论及埃及公民社会由相对独立的制度化组织、倡导性非政府组织和宗教非政府组织组成。埃及的公民社会与政府并非处于两元对立之中，埃及政府占据主导地位，对不同的公民社会组织采取限制或融入策略。埃及政府在公民社会中扮演的是仲裁者、规则制定者和监管者，在公民社会运作中起到关键性作用，而公民社会在埃及仍然呈现弱社会的性质，所以对公民社会在政治转型中的作用不可高估。

此外，北京第二外国语大学副教授戴晓琪所著《阿拉伯社会分层研究——以埃及为例》[②] 一书，以翔实的数据和严谨的论述，对阿里以前时期、阿里家族时期、纳赛尔时期以及萨达特—穆巴拉克时期埃及社会阶层进行分析，第一次从社会学角度系统阐释了一个阿拉伯国家的社会结构与社会发展轨迹，提出两百年来阶级分层与阶级关系发生如此巨大变化的根本原因在于生产关系的变化，而直接原因是国家力量、国外力量与公民社会力量之间的博弈。国内力量与国外力量激烈较量，国家政权与非国家力量严重失衡，导致阶级分层规则破碎，阶级关系复杂化，阶级流动机制多变，阶级依附性加强。阶级分层的这些问题由于国家政策方针的内容不当或实施不当而浮现出来，阶级矛盾被激化，社会陷入失序与动荡之中，尤其表现在萨达特之后的时期。

要想解决社会的失序问题，就必须建构一个良性的社会分层体系。这一体系包括：具有独立意识与行为能力的主导阶级、合理的阶级结

① 蒋灏：《试析当代埃及政府与公民社会的互动》，《西亚非洲》2011 年第 6 期。
② 戴晓琪：《阿拉伯社会分层研究——以埃及为例》，宁夏人民出版社。

构、和谐的阶级关系、以人力为主的流动要素，以及有序稳定的流动模式。

四　农业研究

研究者认为，埃及是传统的农业国家，农业是其国民经济的支柱产业，然其可耕种面积并不多。其农业生产的特点是集约农业和灌溉农业，粮食自给率低，需要大量进口以满足国内消费需求，历来有一定的粮食补贴，然而近年来受到世界粮食危机影响。

王泰在《埃及经济发展战略及发展模式的历史考量》[①] 一文中谈道，埃及全国面积 100.2 万平方公里，土地面积 99.545 万平方公里，96% 是沙漠。埃及从 1952 年 9 月起进行土地改革，在 1961 年进行了第二次土地改革。通过土地改革，埃及对全部农业用地的 13% 进行了重新分配（分配给那些占地不到 2 费丹的农户）。此外，政府没收了王室土地，且降低了土地租金。这样，埃及历史上第一次成功地限制了地主占有土地的数量，1952 年第一次土改时为 200～300 费丹不等，到 1961 年降为 100 费丹。尽管这只是相当缓和的土地分配，但它还是促进了埃及社会政治结构朝着更为平等的方向改变。

刘志华在《1952—2011 年埃及粮食问题研究》[②] 一文中，考察了粮食供给与价格和投资政策，分析了食品补贴和面粉面包补贴的演变，认为其反映了政府、农民和市民之间畸形的利益关系，具有明显弊端。

张梦华在《关于埃及农业机械领域现状的调查研究》[③] 一文中概括了农机化状况，提到埃及政府采取了一系列措施，如建立农机站、实行农业补贴、建立农业生产合作社、实行集约化和机械化经营、加大节水

---

① 王泰：《埃及经济发展战略及发展模式的历史考量》，《西亚非洲》2008 年第 5 期。

② 刘志华：《1952—2011 年埃及粮食问题研究》，《世界农业》2014 年第 2 期。

③ 张梦华：《关于埃及农业机械领域现状的调查研究》，《农机质量与监督》2011 年第 2 期。

机械研究力度等，并列举了埃及农业机械和农产品加工机械的种类和数量，以及农机和农产品加工机械的生产、销售、使用和维修情况，埃及主要农机和农产品加工机械的供求状况和市场价格，主要农机进出口状况、关税政策和售后服务。

张霖、明俊超、王芸在《埃及水产养殖业发展概况》[①] 一文中提到，四大三角洲湖区是埃及养殖渔场的主要聚集地，包括马如特湖（Lake Mariut）、艾德库湖（Lake Edku）、布如勒斯湖（Lake Burulus）和曼札拉湖（Lake Manzala），多为半咸水潟湖。孵化场一般分布在养殖渔场附近，只有五大国有孵化场分布于上埃及（Upper Egypt）的尼罗河沿岸。根据 FAO 数据统计，埃及水产养殖产量已于 2012 年超过 100 万吨。

徐振伟在《世界粮食危机与中东北非动荡——以埃及为例》[②] 一文中提到，埃及作为中东北非地区的主要粮食进口国，受到世界粮食危机的影响，国内物价高涨，经济陷入危机，民众为了发泄不满情绪诉诸街头政治，社会陷入动荡。

五　工业研究

据《埃及公报》报道，纺织业是埃及的支柱产业之一，拥有大约 400 家工厂，吸纳的就业人口有 30 万，其中 7 万人在国有企业，23 万人在私营企业。纺织业为埃及贡献了四分之一的非农业劳动岗位，纺织品出口占非石化类产品出口总额的 27%。2011 年政局突变以来，埃及纺织业受到沉重打击。由于埃及棉国内市场缩小，棉农种植积极性受到打击，埃及棉产量逐年降低，2012 年为 380 万公担，2013 年降至 250

① 张霖、明俊超、王芸：《埃及水产养殖业发展概况》，《科学养鱼》2015 年第 5 期。

② 徐振伟：《世界粮食危机与中东北非动荡——以埃及为例》，《中山大学学报》（社会科学版）2014 年第 6 期。

万公担。①

2013年年初，埃及铁路管理局宣布，为了建设3条新线路，已向世界银行寻求资金支持。这将改变埃及国家铁路网的形态。目前，尽管国家面临困难，但连接开罗、亚历山大、明亚和艾斯尤特等城市的2条高速铁路的规划正继续进行，有望于近期开始动工，并在10年后投入运营。②

刘卿新在《从"三无青年"膨胀解析埃及的工业滞后及教育失衡》③一文中指出，埃及等中东国家工业落后，无法通过发展工业来为失业青年提供足够的就业岗位；而"工弱文强"的高等教育大众化，非但没有为埃及工业发展培养出大批合格工程师，反而培养出大批失业文科生，这些有激进思想的失业文科生成为"阿拉伯之春"的积极参与者。

六　经贸研究

研究者对埃及目前刺激经济的货币措施、贸易工程等抱有正面期待，但对其商业环境风险也有一定的预估。

据埃及统计局2014年1月30日统计，埃及最富有的20%的人中，有72%享受了能源补贴，政策改革面临利益团体的阻挠。加之埃及经济复苏缓慢，税收前景不乐观，其财政赤字占GDP的比重仍将上升。

2013年，埃及获得大量外国援助。在穆尔西总统时期，卡塔尔援助埃及30.3亿美元，利比亚援助埃及20亿美元。军方政变以后，沙特

① 参见全球纺织网资讯中心网站，http://www.tnc.com.cn/info/c-012001-d-3457680-p1.html。

② Mahmoud Ahmed Mousa Ali：《埃及高速铁路的发展规划》，《国外铁道机车与动车》2015年第2期。

③ 刘卿新：《从"三无青年"膨胀解析埃及的工业滞后及教育失衡》，《中国青年研究》2012年第10期。

阿拉伯援助埃及50亿美元，阿联酋援助埃及50亿美元，科威特援助埃及40亿美元。这些外部援助充实了埃及的国际储备，增强了埃及应对国际收支问题的能力。

根据世界银行公布的2014年营商环境指数中的缴纳税款这一分项指标，埃及在189个国家（地区）中排名第148位，和2013年排名相比变化不大。2012年，日本援助机构国际协力事业团（JICA）完成了埃及交通运输建设总体规划（2012～2027年），规划的实施分为短期（2012～2017年）、中期（2018～2022年）和长期（2023～2027年）三个阶段，投资额分别为698亿埃镑、795亿埃镑、1707亿埃镑。目前，埃及政府正计划修建开罗至亚历山大的高速铁路，预计总投资30亿美元。电力通信发展规划方面，根据埃及电力发展规划，2012～2017年新增装机容量为15260兆瓦，发电量预计以年均4.5%的速度增长。埃及电力项目的融资主要依赖于发达国家和世界银行等多边国际金融机构的低息援助贷款。埃及在新能源建设领域开始尝试PPP等新的融资和经营方式。埃及的通信基础设施不断扩展。2012年底，埃及互联网用户达到3262万户，同比增长12.4%。

中国出口信用保险公司的《埃及经济与商业环境风险分析报告》认为，埃及货币政策转向宽松。在军方政变之后，埃及中央银行货币政策逐渐转向宽松，以促进经济增长和就业。2013年8月5日和9月25日，埃及中央银行两次下调利率。这是埃及自2009年以来最重大的货币政策转向。

从宏观经济、金融体系、财政状况、国际收支、主权债务和双边经贸六个方面来看，军方政变以后，埃及政府采取的扩张型财政政策和宽松的货币政策有利于刺激经济增长，但是由于短期外债比例过高、依赖外部援助，埃及未来经济增长还存在一定的脆弱性。

从税收体系、投资便利性、基础设施和行政效率四个指标来看，2014年在社会逐步恢复稳定的条件下，埃及商业环境较之前有所改善。临时政府与英国和加拿大三家公司签署的石油勘探协议等举措都反映了其力图改善商业环境，积极吸引外资，促进国内经济发展。所以，该分析报告对埃及2014年商业环境风险的展望为正面。[①]

王泰在《埃及经济发展战略及发展模式的历史考量》[②]一文中认为，90年代以来，面对全球化的挑战，埃及经济发展模式开始全面向私有化、市场化和自由化转型。埃及经济发展模式的演变与其经济发展战略形成互动，具有鲜明的时代特征。埃及经济发展模式的形成和转型受到美国以及世界银行、国际货币基金组织等外部因素的影响，同时与埃及政治体制的变革密切相关。

七 教育研究

在阿拉伯国家，埃及的现代教育体系比较完善，教育普及率较高，教育水平也值得肯定，但对于目前教育中存在的一些弊端，研究者较少涉及。

季诚钧、徐少君在《埃及教育世俗化的历史考察》[③]中认为，由于传统、文化等多种因素的影响，宗教教育在埃及教育中占据重要地位。自近代以来，伴随着社会现代化进程，一方面，埃及宗教教育不断经历世俗化变革；另一方面，脱胎于西方现代教育制度的世俗教育在埃及逐渐发展壮大，最终形成今天埃及宗教教育和世俗教育并存的格局。

褚蓓娟在《跨文化语境下的中国文学海外传播——以埃及为例》[④]中谈道，埃及是第一个在大学里设立中文系的阿拉伯国家和非洲国家。目前，埃及有苏伊士运河大学（Suez Canal University）、开罗大学（Cai-

---

① 参见中国出口信用保险公司《国家风险分析报告》，《埃及经济与商业环境风险分析报告》。

② 王泰：《埃及经济发展战略及发展模式的历史考量》，《西亚非洲》2008年第5期。

③ 季诚钧、徐少君：《埃及教育世俗化的历史考察》，《浙江师范大学学报》（社会科学版）2009年第6期。

④ 褚蓓娟：《跨文化语境下的中国文学海外传播——以埃及为例》，《浙江工业大学 学报》（社会科学版）2015年第2期。

ro University）、爱因夏姆斯大学（Ain Shams University）、爱资哈尔大学（Al - Azhar University）、阿勒旺大学（Hellowan University）、米尼亚大学（Minia University）等 10 所大学设立了中文系，系统地从事教学与研究。其中爱因夏姆斯大学语言学院中文系的历史最为悠久，中文系学生最多，本科在校生总数达 1000 余名。而开罗大学和苏伊士运河大学除了中文系之外，还设有孔子学院。

李圃、黄道友在《埃及汉语教学的发展历程及制约因素分析》[①] 一文中谈道，目前埃及汉语教学保持着良好的发展势头，但在汉语教学资源整合、课程设置、教学理念和方法更新、教材开发以及与语言教学相辅相成的中国文化介绍等方面还存在诸多问题。应大力整合优化现有教学资源，加大孔子学院投入，完善奖学金制度，加强对埃及学者汉学研究的扶持力度，营造有利于汉语教学和中国文化传播的浓厚氛围。

八　媒体研究

在亚非动荡之中，新媒体与群体行动之间的关联逻辑在人们的视野中渐渐凸显。这种新兴的社会组织动员方式有其自身的运作规律和突发性。

侯眷在《埃及新闻业传播格局的历史与现状》[②] 一文中提及，在经历了三年的社会动荡后，埃及民众对新闻卫星频道的选择更趋于理性化和多元化。官方媒体（包括报刊媒体和电视媒体）不再是当前埃及新闻传播格局的主力组成，独立的私人媒体（包括报刊媒体和电视媒体）凭借有别于官方的新闻视角，逐渐得到社会的广泛认同，并成为当前埃及新闻传播格局中的重要组成；以国家政治倾向性为主导的选择标准，成

① 李圃、黄道友：《埃及汉语教学的发展历程及制约因素分析》，《国际汉语教学研究》2014 年第 1 期。

② 侯眷：《埃及新闻业传播格局的历史与现状》，《商》2015 年第 3 期。

为埃及民众选择外国媒体的首要准则。

陈姚在《新媒介场域内的符号斗争与政治参与机制研究——回顾埃及“1·25 革命”前后的网络传播》[①] 中，对 2011 年埃及“1·25 ”革命前后的网络传播行为进行了回顾，特别是对新媒介在公民参与社会政治过程中的作用进行了重新审视，理性和深入地思考了其在政治动员发生机制中的实质性作用。他重点对新媒介场域使用“符号暴力”进行政治动员的符号化过程及政治组织进行了梳理和总结，从而发现了场域内符号暴力的滥用和符号效果的凸显，并不能有效推动公民对公共事务的理性参与和民主进程，反而会导致意识形态盲从、群体意见极化等。他对所谓“新媒介革命”进行了理性的反思。

王君泽、王国华、徐晓林在《革命 2.0：互联网时代的国家政治安全风险——以互联网作用下的埃及政局突变事件为例》[②] 中，从埃及政局突变事件中，提炼出“革命 2.0”的概念，指出“革命 2.0”是指以颠覆政权为目的，以网民为发动者和主要参与者，以互联网为工具，在虚拟社会中策划、发动、组织，在现实社会中具体实施的运动。三位学者从“革命 2.0”的特征和表现、互联网在“革命 2.0”中的作用、防控“革命 2.0”等三个角度进行了论述，并提出了以互联网虚拟社会治理为核心的国家政治安全风险防控对策。

九　女性问题研究

对于现代埃及女性问题，研究者主要从教育程度和政治参与度等维度来考察，认为埃及妇女地位总体而言随着社会发展有了很大改善，但

① 陈姚：《新媒介场域内的符号斗争与政治参与机制研究——回顾埃及“1·25 革命”前后的网络传播》，《太原大学学报》2015 年第 2 期。

② 王君泽、王国华、徐晓林：《革命 2.0：互联网时代的国家政治安全风险——以互联网作用下的埃及政局突变事件为例》，《电子政务》2012 年第 9 期。

在全面进步方面还有很大发展空间。

陈静在《当代埃及妇女发展问题研究》[①] 一文中谈道，二战后，埃及妇女在教育、就业、参政和健康方面的状况较战前有较大程度改观：女子入学率、识字率不断提高，女大学生所学专业日益广泛；妇女就业率增长，就业领域拓宽；妇女参政比例呈上升趋势；生育率、孕产妇死亡率日渐下降，妇女预期寿命逐步延长。但埃及妇女在发展过程中依然存在文盲率、失学率较高，参政比例很低，而且任期短等问题。

杨帆在《埃及女性教育发展历程述评》[②] 中认为，埃及的女性教育萌芽于穆罕默德·阿里统治时期，在英国殖民时期陷入一定程度的停滞，在独立宪政时期随着女权运动的发展而得到初步发展；埃及共和国建立后，埃及的女性教育进入高速发展期，女性在教育的各个阶段都可与男性平分秋色。杨帆还特别提到，进入 21 世纪以来，埃及高校无论是学生总数、女性入学人数还是女毕业生数量，均呈现持续增长趋势；在 2010～2011 学年，埃及高等教育阶段女性在校人数已经超过男性，女毕业生的比例甚至达到 56.76%。

王泰在《埃及现代化进程中妇女的政治参与问题》[③] 中认为，从埃及 50 年历史发展的纵向角度看，埃及妇女的政治参与一直处于较低水平。从政治社会文化的视角透视，便可发现造成这种现象的主要原因有：妇女政治参与缺乏广泛的社会认可；妇女的政治参与渠道不畅；妇女受教育水平低导致妇女政治参与缺失。

邢桂敏在《埃及妇女非政府组织刍议》[④] 中，论及埃及妇女非政府组织，比如阿拉伯妇女团结协会、妇女发展和提高协会、新妇女研究中心、埃及妇女作家协会、妇女媒体观察等，呈现下列几个特征：非独立性、严格的等级制组织与结构松散的组织并存，以及阶级性。

---

① 陈静：《当代埃及妇女发展问题研究》，《西北民族研究》2004 年第 4 期。
② 杨帆：《埃及女性教育发展历程述评》，《世界教育信息》2014 年第 1 期。
③ 王泰：《埃及现代化进程中妇女的政治参与问题》，《西亚非洲》2007 年第 2 期。
④ 邢桂敏：《埃及妇女非政府组织刍议》，《西亚非洲》2008 年第 3 期。

十 中埃合作与“一带一路”研究

总体而言，作为“一带一路”的沿线国家，埃及改善民生的迫切愿望与中国产能输出的路径不谋而合，双方合作一贯有着良好基础，然而其未稳定的态势，也给未来的发展道路带来一些不确定的干扰。

安春英在《浅析中国埃及苏伊士经贸合作区》① 一文中介绍到，中国—埃及苏伊士经贸合作区以中埃合资方式形成合作区投资主体；截至2011年底，合作区累计投资4940.5万美元，合作区共有38家企业入驻；2009~2011年，合作区累计创造产值1.24亿美元，实现3445.91万美元的出口额，上缴316万美元的税款。

中埃经济合作不断扩大。在两国互利共赢的基础上，中方全方位推进对埃经贸合作。2013年，两国双边贸易额突破100亿美元大关。2014年，双边贸易继续保持快速增长，贸易额达到116.2亿美元，同比增长13.8%。其中，中国对埃及出口104.6亿美元，同比增长25.1%；中国对埃及进口11.6亿美元，同比下降37.4%。2014年，在埃及投资的中国企业超过1100家，总投资额约4.7亿美元。中埃双边投资发展良好。2012年，埃及对中国投资流量为567万美元，中国对埃及投资流量为1.2亿美元，投资存量为4.6亿美元。中埃苏伊士经贸合作区是中国在西亚北非地区唯一的国家级经贸合作区。2014年，合作区内已有11家中资企业入驻，投资总额近1亿美元，生产经营良好，取得较好的经济收益。2013年12月26日，中埃签署苏伊士经贸合作区六平方公里扩展区正式协议，标志着合作区二期进入实质性开发阶段，也是新时期中埃战略合作的标志。

对于埃及，中国长期顺差，贸易摩擦规模不大。中埃双边经贸保持

① 安春英：《浅析中国埃及苏伊士经贸合作区》，《亚非纵横》2012年第4期。

快速增长态势，中国已连续多年成为埃及的第一大进口来源地。中埃双边经贸合作中存在的问题主要是贸易不均衡。中国一直有较大的贸易顺差，中国产品对当地产业造成冲击，不断受到埃及方面发起的反倾销和反补贴调查。2013 年，埃及对中国的陶瓷餐具、公共汽车和卡车轮胎以及塑料和金属齿拉链产品发起三次反倾销复审调查。

金欣、王玲莉在《埃及经济发展现状及中埃经贸合作前景展望》① 一文中提到，2005～2009 年，中国对埃及投资额年均增长 30%，对埃及的投资规模居世界各国首位。2010 年，中国对埃及直接投资额达 5022.6 万美元，2011 年增至 8278 万美元，可见中国已成为埃及重要的投资来源国。

另外，中国政府还在埃及苏伊士湾专门建立了苏伊士经济合作区。全区吸引了数十家中国企业进行海外集群式投资，占中国对埃投资总额的 75%。但在埃及社会变革中，中国企业的利益也遭受很大损失。埃及央行为缓解外汇储备持续下跌的颓势，以拍卖的方式向各商业银行供应美元，造成埃及进出口商难以获得足够美元用以支付货款。

同时，因经济状况持续恶化，埃及多家企业难以维持正常经营，致使中国企业在与埃及客户进行交易时，迟迟得不到供货或收不到货款，从而利益受损。另外，因埃及政局持续不稳，两国之间的投资项目面临搁置或延期的风险。

段铸晟在《“一带一路”战略视角下的中国——埃及经贸合作研究》② 中提到中埃经贸合作风险防范对策，包括完善投资保险机制，通过相关机构及时提供重要信息，加强行业管理，推动本土化经营，以及投资企业应做好充分的市场调查，科学选择投资方向。

---

① 金欣、王玲莉：《埃及经济发展现状及中埃经贸合作前景展望》，《对外经贸》2014 年第 5 期。

② 段铸晟：《“一带一路”战略视角下的中国——埃及经贸合作研究》，《经济问题探索》2015 年第 6 期。

实地调查与分析

西方从事国际政治研究的多位学者预测冷战结束后，威胁世界未来稳定的将不是来自意识形态的差异，而是在不同文明“断裂带”上发生的不同文明之间的冲突，特别是“西方文明”与伊斯兰文明和中国儒家文明的冲突。他们认为伊斯兰世界与中国联手即将对西方构成严重的威胁，很可能在将来成为导致世界大战的因素。非西方学术界对这种宏大叙事持有不同意见，尤其是“9·11”事件之后，一些学者批判“以美国为首的西方开始利用‘9·11’恐怖事件肆无忌惮地丑化、攻击、污蔑构成世界文明重要部分的伊斯兰教及其文明”。[①]

中国的“一带一路”倡议实施以来，中国尤其重视与“一带一路”沿线上众多伊斯兰国家的合作。与伊斯兰世界的交流与合作需要中国学术界提供智力支持，需要走进伊斯兰世界，进行细致的资料搜集和深入的田野调查，做出我们自己的判断和结论。基于以上考虑，课题组决定走进阿拉伯世界，用自己的双眼认识阿拉伯社会。研究成果可为中国与埃及、摩洛哥等阿拉伯国家在社会、经济、文化领域的交流与合作，为促进不同文明之间的理解、包容与对话起到积极作用。

本项研究在搜集、阅读文献的基础上，采取了参与观察和深度访谈的方法。在访谈前，在埃及和摩洛哥访学的宁夏大学学生帮助课题组获

① 丁士仁主编《伊斯兰文化（第3辑）》，甘肃人民出版社，2010，第3页。

图 1　调研组走进布哈拉省城郊的一个居民区

图 2　调研组在前往亚历山大市郊区乡村的小路上

图 3　在哈利利市场向商户了解经营情况

得访谈对象的基本信息，如性别、年龄、职业、政治面貌、家庭住址等情况。参与观察与深度访谈则进一步了解被访人及家庭成员的经济收入、职业、受教育程度、家庭历史、宗族关系等。访谈对象，有的是访学学生介绍的，有的是随机遇见的，有的是通过阿拉伯朋友介绍的。从年龄段分类，包括老年人、中年人和青年人；从职业分类，有农民、军人、教师、警察、播音员、导游、餐馆服务生、学生、宗教职业者、出版商等。从信仰角度，调查分为穆斯林和基督徒两部分人员。从人口分布角度，调查分为城市和农村。访谈问题以经济收入为主线，在城市和农村分别选择高收入、中等收入、低收入的家庭进行访谈。

图 4　调研组品尝阿拉伯农家的特色食品

图 5　在访谈中调研组认真记录所见所闻

赴阿拉伯国家实地调查前，我们做了比较充分的准备。2015 年 2 月，宁夏大学选派阿拉伯学院 2013 级学生 93 人，赴埃及苏伊士运河大学和亚历山大大学、摩洛哥哈桑一世大学访学。出发前，我们为计划出访学习的学生开设了民族学调查方法的课程，也对出访国家政治、经济和文化等各方面的基本情况和学界的相关研究做了介绍。我们还设计了 30 个调研题目供学生参考。在此基础上，每位学生都确定了自己的调研题目和初步实施的计划。我们又将出访的学生以学校为单位，各分为五组，即城镇组、大学组、宗教组、妇女组、农村组，各设组长一名。组长在课题组赴埃及和摩洛哥调研时，随时对研究进展与存在问题与我们沟通。

教师调研组一行十人在出发前，除做了充分的文献准备并与出访国家的一些高校等研究单位进行沟通联系之外，还做了物质方面的准备。如，课题组准备了调研礼物，包括扇子 7 把，绿茶 25 桶，花椒、大料包 30 包，扑克、手镯、工艺品包若干。另外，在亚历山大家乐福超市购买鸡 7 只、白糖 20 包、米 20 包、空心面 8 袋、油 14 桶、水果糖 4 袋。2015 年 7 月，课题组一行 10 人，以“走进阿拉伯社会”为题，赴埃及、摩洛哥进行社会调查，历时 20 天，沿途行程 3000 多公里。调查地点分别为埃及境内的亚历山大港省、布哈拉省、苏伊士运河省、伊斯梅丽亚省、开罗省、法尤姆省；摩洛哥境内的拉巴特—萨莱—宰穆尔—

图 6　调研组一行与中国驻亚历山大总领事合影

扎艾尔大区拉巴特州（省）、莎维雅—瓦拉迪格大区塞塔特省塞塔特市、塞塔特省本·艾哈迈德市、胡里卜盖省胡里卜盖市、摩洛哥菲斯—布勒曼大区菲斯省菲斯市等。为了确保调研顺利，每到一个国家，课题组首先拜会当地的中国大使馆和领事馆。

图 7　与埃及亚历山大大学青年教师交流

图 8　在埃及亚历山大农村居民家中调研

课题组白天调查访谈，现场录音和笔录，晚上用电脑对录音和笔记进行整理。由于调研时间和调研对象有限，我们在访谈中所插入的按语和总结可以帮助读者了解访谈的内容和意义。这些不完整的归纳，让课题组像照相机一样，把埃及、摩洛哥社会真实的点点滴滴呈现给世人。

本访谈录并非学术研究报告，其重要价值在于，让阿拉伯国家的老百姓用自己的语言介绍自己的国家，让世人得知阿拉伯社会各阶层的真实面貌。

图 9　指导在苏伊士运河大学访学学生的实地调研

整个调研过程历经艰辛。地处非洲的摩洛哥和埃及夏季炎热，太阳直射地面，气温在 40℃ 以上。在租车前往调研地点的过程中，课题组部分成员出现头晕、上火、感冒、被蚊虫叮咬后过敏等症状。为了不影响调研正常进行，他们天天服用抗生素坚持工作。由于工作量较大和过度疲劳，大家时常在车上睡着。然而，无论多么艰辛，课题组全体成员齐心协力，按期完成了调研计划。

图 10　调研组老师与访学学生聚会

一　伊玛目访谈录：宗教管理与伊玛目的生活调研

（一）访谈目的

这是我们在一个村子与伊玛目[①]的谈话。这位伊玛目毕业于埃及爱资哈尔大学，有神学博士学位。他的弟弟是一位兼职伊玛目。我们在他弟弟家里对他们两个人进行了访谈。从访谈中可了解到埃及政府是如何管理清真寺和教职人员的，也可了解基层的伊斯兰教职人员的社会地位、生活状况以及他们的思想。埃及所有的清真寺都在政府宗教基金部的控制管理之下，清真寺的运营费用都是由宗教基金部承担的。所有的教职人员都由政府任命并由政府发工资，不允许向教民索要“乜贴”[②]。每周主麻日[③]在清真寺中的宣教活动也受宗教基金部的指导。教职人员的工资比一般的政府职员高。他们在一般教民中有较高的威望。

（二）访谈背景

自 1952 年纳赛尔发动“七月革命”成功之后，埃及就走上了彻底世俗化的发展道路。但是，由于伊斯兰教在埃及社会中具有巨大的影响，因此埃及自纳赛尔之后的各位领导人都必须考虑如何处理世俗政权与伊斯兰教的关系。有人将这种关系看成传统文化与现代化之间的关系。这当然有一定道理，但又不完全。实际上，伊斯兰教在阿拉伯国家不仅是一种宗教信仰，也是一种政治势力。

当代埃及的政治力量分为三种，即“国家中心主义”、“西方自由

---

① 伊玛目，阿拉伯语单词的汉语音译。英语音译为 Lmarn，意为领拜人，引申为学者、领袖、表率、楷模、祈祷主持人，也可理解为伊斯兰法学权威。

② “乜贴”是穆斯林一种有意念的施舍行为。接受“乜贴”的对象一般为生活困难的弱势群体和清真寺、道堂、阿訇、满拉等。

③ 主麻日，是伊斯兰教聚礼日，穆斯林于每周星期五下午在清真寺举行的宗教仪式。

主义”和“伊斯兰主义”。国家中心主义主要代表为埃及的世俗政权及其代表的利益群体，是多种政治力量中最强势的一方；西方自由主义主要在一些世俗的知识分子和部分中上层人士中流行；伊斯兰主义则主张整个社会都要贯彻伊斯兰的宗教思想和实践，以伊斯兰法为社会和国家的基础。伊斯兰主义的最重要组织是穆兄会。伊斯兰主义又有激进派和温和派之分（在穆兄会内部也是如此），主要是在实现目标的手段上有所区别，在目标上则是一致的。在埃及，伊斯兰主义是仅次于国家政权的第二大力量。这三种力量在埃及社会中互不相让。因此，以埃及为代表的中东国家的现代化道路不会是一帆风顺的。

在1952年以前，伊斯兰主义与世俗政治之间曾长期互相独立又互不干涉。1928年成立的穆兄会曾在1952年的革命中支持纳赛尔的七月革命。此后，埃及政府一直在构建以阿拉伯民族主义和阿拉伯社会主义为特征的现代化政治模式。为了在这场革命中得到伊斯兰教的支持，政府一直在努力加强对宗教的管理和利用。1956年，政府取消了埃及的宗教法庭。1957年，政府宣布宗教基金国有化，设宗教基金部管理全国的清真寺和教职人员。此后，埃及所有清真寺和教职人员的各项经费都掌握在政府手中，清真寺的全部活动也都在宗教基金部的掌控之中。1961年，政府宣布伊斯兰教最高学府爱资哈尔大学成为国立大学，并努力塑造和确保该大学在宗教信众中的最高地位。

此后，埃及爱资哈尔大学大教长对《古兰经》和《圣训》的解释，以及从伊斯兰角度对时局的解释就完全与政府保持一致，并在全国信众中产生了巨大影响。爱资哈尔大学还成为埃及与其他阿拉伯国家联系的主要纽带之一。纳赛尔总统还依靠爱资哈尔大学宣扬阿拉伯民族主义和社会主义信仰，以此证明其与伊斯兰教的目标是一致的。此后，尽管埃及政府奉行世俗主义，全国的清真寺也都被置于政府控制之下，但埃及的伊斯兰教不但没有被削弱，反而得到发展。清真寺的数量不断增长，从1954年到1963年的10年间宗教职业者从6919人增加到12357人。当宗教和宗教团体处于政府管控之下，并且与政府和谐相处时，清真寺和宗教职业者的增加不会对社会造成威胁，反而对社会稳定和谐有积极意义。

总体来看，20 世纪 50 ~ 70 年代，纳赛尔时期埃及政府的宗教政策（即对宗教的管控与利用）是成功的，其结果是埃及社会的稳定与团结。到纳赛尔政权后期，政府加大了压制和打击穆兄会的力度，导致以赛义德·古图布为首的伊斯兰激进主义思想产生。到萨达特时期，政府亦加大了打击穆兄会的力度，赛义德·古图布的激进主义思想则演变为实践，即伊斯兰激进组织产生并出现各种暴力恐怖活动。

1980 年以后，穆巴拉克实行宗教宽容政策，以穆兄会为首的伊斯兰教势力则放弃暴恐活动，走向温和并以“民族方式”（议会道路）参与政治。埃及社会再次出现比较稳定和团结的局面。但是，穆巴拉克政府与纳赛尔时期和萨达特时期不同的是，放弃了原本的社会主义革命口号，导致埃及出现“意识形态空心化”的情况。这就将意识形态和政治的巨大空间留给了其他势力。于是，穆兄会利用这一形势，从原本比较纯粹的宗教领域向政治、社会领域发展，并逐渐成为埃及社会的一支巨大新兴力量，全面控制了埃及五个最主要的、在政治上非常活跃的行业工会，即医师协会、工程师协会、药剂师协会、科学家协会和律师协会等。

20 世纪 90 年代以后，穆兄会还渗透到或控制了大学的教师联合会、大学生联合会以及 1.4 万个私人慈善机构，其社会影响力日益提高、力量日益壮大。这就是 2011 年穆兄会在总统选举中获胜的重要原因。穆兄会控制政权的结果必然是将国家发展导向伊斯兰主义。对于埃及这个世俗社会为主体的国家来说，穆兄会掌权是一种保守和倒退。加上穆兄会还没有管理国家的经验和能力，最终它很快垮台。

目前的塞西政府对宗教的控制还是采取了既管控又利用的政策，同时吸取了穆兄会夺取社会和政府权力的教训，对宗教界加强了管理。采取的措施主要有：（1）将全国的清真寺所有宗教职业者纳入政府公务员系列，由政府的宗教基金部任命和发放工资，其工资较一般政府公务员稍高；（2）所有清真寺的日常开销和维修等费用都由政府的宗教基金部负责承担；（3）所有清真寺的日常宗教活动，主要是宣讲《古兰经》和《圣训》，所讲内容由宗教基金部指导并规定，伊玛目除了在宗教教义上指导信徒、在宗教仪式上领导宗教活动之外，还在信众的日常生活中调解矛盾纠纷、为信徒的婚丧嫁娶等活动服务；（4）伊玛目等宗教职业者从政府那里领取工资，在为信徒和清真寺服务过程中不得收取任何报酬（乜贴）。

总体来看，埃及政府对待宗教的政策有两个重要原则：第一，将宗教界活动限制在宗教之内，防止其进入社会和政治之中；第二，以宗教应对宗教，即以政府掌控的宗教来应对社会上各种宗教宣传和教派活动，通过宗教界掌控伊斯兰信众和反对宗教上的反对力量。据我们的观察，目前这个政策是比较成功的。

访谈时间： 2015 年 7 月 17 日下午
访谈地点： 亚历山大市布哈拉乡散杜斯村
访谈对象： 伊玛目，哈姆迪·艾哈迈德（简称艾）；
村长，艾哈迈德·拉法德（简称拉法德）
访 谈 人： 杨圣敏（简称杨）　张前进（简称张）
阿文翻译： 马永亮（简称马）
记录整理： 李玉　马晓玉　王薇　刘凡
中文统稿： 杨圣敏

（三）访谈情境

当天中午，调研组一行 10 人从亚历山大市出发，驱车 100 余公里来到该村。这是一个中等规模的村庄，房屋一栋紧挨一栋。村长给我们带路，沿着一个巷子去他家里。巷子很窄，土路两边都是砖砌的住房，路边有摆摊的小商贩、乘凉的妇女、玩耍的儿童，以及来往的行人。与我们前一天拜访的村子相比，该村人口更密集，显得更热闹。村中还有一个可容上百人的中等规模清真寺，显然这是个中心村。

村长拉法德是个中年汉子，有着黝黑粗糙的皮肤和刀刻般的皱纹，显然是个体力劳动者。他把我们领进他家一间十余平方米的房间，请我们席地而坐后，端上茶水。面对异国来客，他显得有些局促不安，首先给我们介绍了他的哥哥。

（四）访谈内容

拉法德：我哥哥比我大1岁，是伊玛目，主管周围这一区域的清真寺，毕业于爱资哈尔大学。

张：他的专业是什么？

拉法德：是伊斯兰教法，是爱资哈尔大学博士毕业。他的伊玛目职位是埃及宗教基金部委任的。

杨：你本人叫什么名字？

拉法德：哈姆迪·艾哈迈德·拉法德。我们这儿算是一个村，我是村长。

杨：那你也是伊玛目吗？

拉法德：我是另外一个清真寺的伊玛目。如果我大哥不在，我会暂时接替大哥伊玛目的位置，但不是正式的。

杨：那你也是爱资哈尔大学毕业的吗？

拉法德：不不，不是的。我没接受过大学教育，高中都没毕业。当时我们家很穷，供不起上学，只能背《古兰经》。没上学不是我的错，主要是穷的原因。你们看，我大哥来了。

（这时村长哥哥哈姆迪·艾哈迈德来到屋子里。）

马：你好。我们来自中国宁夏回族自治区宁夏大学。这位是杨老师，这位是张老师，这位是宁夏大学的阿拉伯语外教瓦格迪老师。我是尤素福（马永亮的阿拉伯语名），为我们的访谈做翻译。这是我们第一次来到埃及农村，我们特别想了解埃及农村的一些基本情况。现在是斋月期间，我们向你们问好，愿你们年年安好，斋月吉庆。

艾：谢谢，也愿你们年年安好，斋月吉庆。我现在要去清真寺礼拜，待会儿再过来。

马：我们一起去清真寺看看，可以吗？清真寺离这儿近吗？

艾：不远。

（我们和伊玛目哈姆迪·艾哈迈德一起走到附近的一座清真寺，寺里已经站满前来礼拜的村民。我们和大家一起在清真寺做了礼拜，大概半小时左右。礼拜结束，我们又一起走回原来的屋子。）

图 11　伊玛目带领调研组去清真寺

杨：这是你的儿子吗？长得很漂亮。（屋里挤坐着七八位村民，其中有几个小孩。）

艾：是我的孩子，谢谢。

杨：这个村里就只有这么一座清真寺吗？

艾：是的。不过每个村清真寺的数量不一样，有的村有两个，大一点的村有三个。

杨：这个村里有多少村民？

艾：600 人左右。

杨：不是所有人都在清真寺礼拜吧？是不是有些村民在家里做礼拜？

艾：是的，一般工作的人就在工作场所做礼拜，也有人在家做礼拜，这都不一定。

杨：那主麻日的时候，都在清真寺礼拜吗？

艾：是的，主麻日都在清真寺礼拜。

杨：1992 年我曾去过爱资哈尔大学，那是伊斯兰教的最高学府，接收世界各国的穆斯林学子。你们这个乡有多少人？

艾：我们这个乡总共有 4600 人，算是一个小乡。旁边的一个乡大约有 10 万人。

杨：在每一个村里都有一个指定的伊玛目吗？

艾：是的。

杨：那他们都毕业于爱资哈尔大学吗？

艾：不是的，有一部分是，有一部分不是，毕业于不同的学校。

杨：爱资哈尔大学有多少名教师？

艾：很多，具体人数我还不十分清楚。

杨：你们本科一般是几年？

艾：四年。

杨：哦，那进入爱资哈尔大学学习的要求是什么？

艾：高中毕业就可以上。爱资哈尔大学录取的标准是背《古兰经》，谁背的《古兰经》越多，进爱资哈尔大学的门槛越低。除此之外，还要懂一定的教法知识。

杨：你们家族以前就住在这儿吗？

艾：是的，我们都是本地人。我的族人都在这里。过去这个村子里的房子都不用水泥建造，大部分是用木头搭建的。

杨：你们在这里住多少年了？

艾：已经 120 年了。

杨：那你的父亲、爷爷都还健在吗？

艾：爷爷去世了，父亲还健在。

杨：你父亲多大年龄了？

艾：61 岁了。

杨：那你父亲比我还要小 3 岁。你小学和中学都是在这里上的吗？

艾：不是，这里没有学校。我是在离这儿 7 公里以外的学校上的，都是走着去学校。

杨：哦，那很辛苦。小时候家里生活条件应该不太好吧？

艾：是的，吃饭都成问题，不要说上学了。

杨：挺不容易的。家里有多少地啊？

艾：有 6 费丹[①]。

杨：应该是一个大家庭了吧。是你自己家还是整个大家族有这么多地？

艾：我自己家有 6 费丹地。我弟弟在这村里住，我的家在别的村子。现在是斋月，我晚上都在这里过斋月。我自己的家在旁边另一个乡里。我是这个村的伊玛目，所以斋月就要住在这里。

杨：你高中毕业后，为什么想去学宗教？人家都是学计算机呀什么的。

艾：我选择学习宗教是因为宗教知识有比其他知识优越之处。宗教对于穆斯林来讲，既有益于现世，也有益于后世。宗教如同其他国家的法律，都是用来约束人的，而且宗教给人一种自觉的道德标准，教诲人们怎么去认识这个世界，怎样去生活。

杨：你从本科到博士毕业都是在爱资哈尔大学吗？

艾：我读博士在爱资哈尔大学。

杨：读的是哪方面的专业？

艾：主要研究宗教原理学。我儿子是学社会学的。

杨：爱资哈尔大学都是学习宗教的吗？还有没有别的专业？

艾：也有其他专业，比如机械学、工程学等，不是所有的人都学习伊斯兰教法，爱资哈尔大学基本上有所有学科。

杨：你就是宗教系的。

---

① 1 费丹等于 6.3 亩

艾：对，主要学教法。

杨：那你父母供你在那儿上学也不容易。

艾：学校给我们免掉一部分学费，但住宿费、书本费是自己掏钱的。

杨：你父母是农民吗？

艾：是农民。

杨：你们博士毕业以后是直接到清真寺的吗？

艾：有时候有空缺岗位了就可以直接上任，没有岗位了只能待业。

杨：是政府任职的？

艾：是的。

杨：全国所有清真寺的伊玛目都是政府任命的吗？

艾：是，都是。

杨：那到清真寺当伊玛目有什么任职标准，政府对伊玛目上岗有学历要求吗？

艾：首先要有相关专业的文凭及宗教教法学的相关文凭，其次是要经过一系列宗教部门的考核。

杨：就是毕业以后还要考试？

艾：对，任职还要考。

杨：最低是大学本科？

艾：高中毕业也没有关系，主要看自身的素质。学历并不是最主要的，重要的是通过宗教部门组织的考试。

杨：一般都考几门？

艾：有好几门，如教法、宗教原理、认主学、背诵《古兰经》，还有一个面试，看你口才如何。

杨：中小学生一般在哪里学习《古兰经》知识？

艾：主要跟着当地清真寺的伊玛目学习，有的在家里，有的在清真寺里。

杨：清真寺也办《古兰经》学习班吗？

艾：是的。

杨：一般跟伊玛目学要学几年？

艾：没有时间规定，学得快一点的，一年就可以通背《古兰经》而且读得很好；有的就不行，这跟知识结构有关系。

杨：一般多少岁的去学《古兰经》?

艾：像这个孩子（指旁边一个孩子）就会背了。

杨：他几岁了？

艾：12 岁。

杨：跟伊玛目学的？

艾：是的。

杨：学了几年？

艾：从 6 岁开始背的，5 年左右就完全背下来了。

杨：家里面让孩子学习《古兰经》，是为了让他长大了做伊玛目还是学点知识？

艾：希望他成为伊玛目。因为我觉得伊玛目比学医啊这些学科都好。

杨：一般的孩子从小就学习宗教知识吗？

艾：爱资哈尔大学办的小学会教，不是所有的小学都教。

杨：那一般的学校讲《古兰经》吗？

艾：其他学校也教一些经文，但不是专业的。这个孩子是在爱资哈尔大学办的小学学习的宗教学、教法学等。一般学校里就教怎么礼拜、怎么小净这些。他也是学校足球队的，足球踢得很好。

杨：像你这样有博士学位的伊玛目多吗？埃及有十分之一吗？

艾：有百分之十几吧。

杨：那像本科、硕士这些呢？

艾：差不多一半一半。

杨：全国有多少伊玛目？

艾：几百万吧。

杨：那清真寺有多少？

艾：不太清楚。

杨：在中国宁夏约有4000座清真寺，新疆约有24000座清真寺，新疆伊玛目约有28000个。

艾：我们埃及宗教部会有准确的数据。

杨：在中国，有博士学位的阿訇很少。如果条件具备，请你们这样高学历层次的伊玛目到中国进行相关领域的交流。

艾：这个要看涉及哪方面的宗教问题。首先要给爱资哈尔大学递交申请，学校的长老批准签字，然后选一些更专业的伊玛目进行这方面的交流。

杨：你们给教民服务，有收入吗？

艾：我们只有工资，没有其他收入。在担任伊玛目之前，也要参加一些培训。培训的时候，能领取的津贴特别少。只有经过专业培训之后，才能拿到正常的工资。

杨：如果给教民服务的话，是不是一直规定不允许跟教民要报酬（乜贴）？

艾：是的，但给孩子教《古兰经》的话，可以接受这种“乜贴”。

杨：如果村子里的教民有纠纷，是找村长还是找伊玛目？

艾：如果是个人之间的纠纷，伊玛目出面解决；如果涉及很多人的话，就请村长出面。

杨：这边年轻人的品德教育是通过学习《古兰经》还是学校教育？

艾：青年人的道德教育自小都是靠家庭教育。

杨：目前孩子教育面临的最大的问题是什么？

艾：主要是缺学校，小孩要走很远才能上学。

杨：这个村子有几所医院，多少医生？

艾：到现在为止，这里没有任何医院和学校，离这里最近的小学都要走7公里。有些小孩因为离学校太远没法上学。但大部分小孩由父母接送上学，有些女孩辍学在家。而且这里的医疗条件特别落后。

杨：伊玛目每个月的主要工作是什么？

艾：除了每天在清真寺带领教民礼拜，每隔四五天要在清真寺讲一些相关宗教知识，特别是周五的主麻日。

杨：那你们也会结合社会的发展情况，在主麻日进行演讲吗？

艾：是的。

杨：政府部门检查你们工作吗？

艾：会突击检查，会有巡视员到清真寺看看，然后问教民你们这儿的伊玛目怎么样。

杨：那你还要向上汇报工作吗？

艾：每个月写一份报告。

杨：每周五你讲些什么内容呢？

艾：比如说拜功①等内容。另外，伊玛目也要签到，周五谁演讲，讲了些什么内容都要记录注明。

杨：那么宗教部对伊玛目所讲的内容有什么要求？

艾：有要求，也有相关的培训，一般会统一一个主题。

杨：那么村里的人有的做礼拜、有的不做，（做礼拜的人）是不是都是自愿的？

艾：主要是通过演讲引导，不可能强迫任何人。这都是家长的责任，不是伊玛目的责任。伊玛目在寺里讲一些纲领性的东西，关于要求礼拜属于家庭教育的问题。

杨：如果他们有的人长期不做礼拜，村里的人会不会瞧不起他？

艾：一般都会做礼拜。

杨：我来过埃及一次，我觉得埃及社会很安定，比如说农村都很稳定。

艾：伊斯兰教和其他宗教一样，都倡导和平共处。哪怕邻居是基督徒或其他教派，邻里之间也不会互相提防或是害怕，大家基本上很和睦。

杨：埃及农村这么稳定，主要是靠伊斯兰教育还是学校教育？

---

① 拜功，指伊斯兰教规定的每天五次礼拜。

图 12　在伊玛目家中访谈

艾：两者结合，既有宗教教育，也有学校教育。

杨：农村是不是比城市的治安更好一些？

艾：是的，因为农村都是家族，如果发生了矛盾，大家都会想办法和解。越小的地方越平和，越安定。

杨：是不是跟宗教也有关系？城里有些教民不会很虔诚。

艾：宗教就是一个相处之道。你相处好了，证明你的宗教素质就高；如果你和别人相处有问题，这本身就证明你的宗教信仰认识有问题。宗教提倡互相宽容、仁慈，不是说你去清真寺礼拜多了，就证明你的宗教信仰层次高，不是这样的。

杨：中东有的国家现在很乱，战争频发，是不是这些跟宗教有关系？

艾：与宗教无关。实际上，所谓的“伊斯兰国”都是打着宗教的旗号。伊斯兰教一直提倡和睦相处，宗教之间不应有歧视，像埃及这边有很多基督教堂，穆斯林并没有排斥基督教徒，而是用一种包容的态度相处。有些人为了曲解伊斯兰教，比如说他打扮成一个特别形象的穆斯林，然后他做一些诋毁穆斯林形象的事情，然后有些媒体就会说，这就是穆斯林，看他们做了什么。

杨：那这些极端组织的目的是什么？

艾：主要是挑起穆斯林与其他民族的矛盾，引发战争，来获取自身利益。

杨：为什么现在有些老百姓也跟随着一些极端组织？

艾：他们是真的不了解伊斯兰教，他们受极端分子的蛊惑，去做一些愚昧的事情。如果真正明白宗教是什么，这些人就绝对不会这么做了。

杨：比如在中国新疆地区，有激进的瓦哈比派别，他们宣扬说，谁杀了异教徒谁就能进天堂。

艾：《古兰经》和《圣训》，或者任何一部伊斯兰经典从来没有写过这样的话。“伊斯兰国”的所作所为都是打着伊斯兰教的旗号，其实伊斯兰绝对不容许那样做。

杨：埃及也有极端的瓦哈比派别吗？

艾：一般都比较温和，不会那么极端。实际上，埃及并不存在真正的瓦哈比派，它只是一个称谓而已，不像新疆那么极端。

杨：埃及有一些派别，他们是否有这些极端行为？

艾：以前有过一些极端派别，但是现在不多见了。即使某些教派之间有一些矛盾，也不足以发生严重的暴力冲突。

杨：是不是不同教派都得听宗教部的意见？

艾：爱资哈尔大学有长老会，长老会对一些教派问题做出权威发布。宗教部只是一个颁布命令的机构，真正教法问题的权威发布者还是长老会。

杨：你现在自己不种地了吗？

艾：我家人种，我不种了。

杨：雇工人吗？

艾：会雇一些。

杨：你家的地都是后来买的吗？

艾：是的，一些是继承下来的，但不多。

杨：你弟弟家有多少地？

艾：弟弟家没有。

杨：父母留下的地没有分给他吗？

艾：纳赛尔时期，我们家的地被征了。那时我没土地证，政权更迭后，我家就没土地了。

杨：那现在就是给别人种地，租的地？

艾：是租地，一半的收成给地主，一半留给自己。但我不种地，主要出去打工，搞建筑。

杨：这个村子没有地的人家有多少，会占一半吗？

艾：75%没有地。

杨：那有地的人家生活是不是好一点？

艾：有地的人生活稍好一点，有的家庭有 2 费丹，有的有 3 费丹，他们的生活基本属于中等水平，但也不是多富有。

杨：看来这边人口发展快，土地少。

艾：是的，人口激增，房子盖得多了，必然会占耕地，农田的面积也会越来越少。

杨：是不是有很多人去城里打工？

艾：是的，许多人去亚历山大打工。但是这里的人特别重视教育，虽然学校很远，但没有一个家长说不让孩子上学。像我的儿子，虽然我挣得不多，也很艰辛，但我还是会供孩子上学。

张：我们也特别期望博士可以到北京去，到中国去看看，欢迎你们。

艾：我也希望如此。

张：北京也有一个很古老的清真寺，在牛街那边，有一千多年的历史了。

（五）访谈小结

埃及政府的宗教管理经历了几个不同的阶段，从最初的试图全面压制削弱伊斯兰教力量，到实行宽容的宗教政策，试图与宗教界平等共存，再到目前的管控和利用，将宗教界限制在宗教之内。从我们对乡村伊玛目和清真寺的访谈来看，这个政策在农村是成功的。

二　乡长访谈录：农村土地和基层组织调研

（一）访谈目的

这是我们在埃及布哈拉省巴斯拉格乡对乡长的访谈。这位乡长是该乡一个世代拥有最多土地的大家族的代表人物，已经担任乡长15年之久。我们调研的目的是希望通过这次访谈，重点了解埃及农村当前的土地问题、农村基层组织以及农民的生活现状。通过访谈，我们了解到不少这方面的具体情况。通过此后几天对埃及其他农村的实地调查，我们认为在这个乡所了解到的情况在埃及广大农村是有一定代表性的。

（二）访谈背景

埃及的土地问题。埃及全国面积为100.2万平方公里，沙漠占96%。20世纪80年代初，埃及有耕地600万费丹，人均占有耕地不足0.14费丹。2015年，埃及人口比30年前有较大增长，人均占有土地也相应减少。历史上，埃及的土地曾集中在封建贵族、宗教寺院、地主富农和外国农场主手中。1952年以前，埃及共有600万费丹耕地，占人口2.9%的封建地主却占有全部耕地的55.8%①。1952年，纳赛尔推翻法鲁克王朝后，实行土地改革，使部分无地农民获得土地，并规定单个

① 张士智：《埃及土地问题初探》，《西亚非洲》1987年第6期。

家庭所占有的土地不得超过200费丹[①]。这些规定在一定程度上限制了地主的土地兼并。1961年和1969年，埃及政府又先后进行了第二次和第三次土地改革。这些改革的新法令本身都是各阶层互相妥协的产物，特别是政府与地主阶级妥协的产物，并不能根本解决土地集中和贫困农民失地的问题。而且，由于一些中上层官员的家庭本身就是大地主，因此政府要解决土地问题的法令很难得到有效的执行。埃及占有200费丹以上耕地的大地主虽然基本消失了，但中小地主的势力没有被触动，土地兼并现象依然严重。至今，埃及农村最大的问题仍是贫富差距不断拉大，无地、失地农民越来越多，农民和地主为争夺土地发生的冲突事件不断[②]。为此，我们对这位乡长的访谈，重点了解了当地的土地占有等情况。

访谈时间： 2015年7月17日下午

访谈地点： 埃及布哈拉省巴斯拉格乡

访谈对象： 巴斯拉格乡乡长（简称乡长）

访 谈 人： 杨圣敏（简称杨） 张前进（简称张）
梁向明（简称梁） 马永亮 白楠 姜克银（简称姜）
白雪梅 王晓丽 瓦格迪

阿文翻译： 马永亮 瓦格迪

记录整理： 马文艺 杨晓霞 曹微 张瑱 白雪梅

中文统稿： 杨圣敏 张前进 梁向明 白楠 白雪梅 马永亮

（三）访谈情境

当天中午，我们一行9人在埃及内政部一位武装人员的随同下，乘

① 刘志华：《19世纪以来埃及土地制度与政治权力关系考辨》，《西亚非洲》2010年第9期。

② 温铁军：《埃及农村地权冲突调查分析》，《世界农业》2007年第6期。张忠民、董祥：《纳赛尔与埃及民族民主革命》，《徐州师范学院学报》1989年第3期。

坐一辆中巴车，从亚历山大市区出发，驱车 150 公里来到布哈拉省巴斯拉格乡。沿途一派乡村景致，公路两边可见大片农田和纵横交错的灌溉渠道，民居多是砖混结构。当地时间 11 点到达乡里时，我们还没下车，就有一大群赤脚的孩子跑来好奇地围观。

乡里有些脏乱，垃圾随处可见。我们停车的地点是在一条渠沟旁，渠水污浊，两岸有一堆堆垃圾。我们走过一座约 3 米宽的小桥去乡长家，桥的架构破损严重，水泥路面开裂，钢筋裸露。

乡长在桥边迎接我们。这是一位 60 岁的高个男子，身材魁梧，穿一身阿拉伯人常穿的长袍，头戴白帽，很热情地与我们握手寒暄表示欢迎。他把我们带进近处一处两层住宅，主人端上茶水和一些甜点。我们互相介绍后开始正式交谈。

图 13　在布哈拉省农村干部家中调研

（四）访谈内容

杨：这是我们第一次来埃及农村访问，非常感谢您能够接待我们。你们的国家历史非常悠久，是世界最早的文明古国之一，比中国的文明史还要长。中国人对埃及很向往，我们曾访问过埃及的一些城市，在埃及高校有许多朋友，但很少有中国人访问埃及的农村。我们这次来希望能了解农村的一些基本情况，交一些埃及农村朋友，以后能经常来往。也欢迎你们有机会去中国看看，特别是能到北京或者宁夏参观旅游，我们会把你们当贵客接待，陪你们到处走走。

乡长： 中国也是一个文明古国，现在发展很快。我一直希望能到中国去看看，但埃及离中国太远，这个愿望一直未能实现。

杨： 请您给我们介绍一下乡的基本情况。

乡长： 我们这个乡叫巴斯拉格乡，我是乡长，乡里目前有 10 万余人，主要产业是农业和畜牧业。

杨： 这个乡是什么时候形成的？

乡长： 这个乡历史悠久，有几百年了，离省会城市①不是很远。这个乡出过很多人才，有军官、高官、律师、警察等，现任司法部部长也是这个乡出来的。目前乡里有 150 个家族，我说的家族就是大家庭。这是个大乡，下面有 42 个小村。

杨： 150 个家族？

乡长： 对，有 150 个家族，一个家族有 700 人左右。乡里有 42 个小村长。

杨： 按照中国的农村建制，这应该是个乡。

乡长： 埃及村以下就不再设行政机构了。

乡长： 你看，墙上有埃及政府给我颁发的委任状。

杨： 政府是如何给农民分配土地的？

乡长： 我们乡按照国家规定每户都分有一块土地，但面积不大，每户不尽相同。

杨： 每户平均大概有多少？

乡长： 一般是 1 费丹。（杨按：约合 6.3 亩，4200 平方米。）

杨： 土地是根据什么来分配的？

乡长： 根据家庭经济水平分配，有钱富户分得少些，贫困户分得多

---

① 布哈拉省达曼胡尔市。

一些。

杨： 每户 1 费丹吗？

乡长： 平均每户 1 费丹。在埃及，土地产权归农户所有，土地是私产，不是政府的。还有房产也是私产。

杨： 这里每户有几口人？

乡长： 一般是 5 口或 6 口人。但这里农户土地占有量差距悬殊，每户的情况都不一样，有的家庭完全没有土地，有的特别多。

杨： 乡里一共有多少地？

乡长： 一共有 4000 费丹，主要种庄稼。

杨： 有草场吗？

乡长： 主要是农田。

杨： 你们这儿大概有多少农户以种地为生？

乡长： 大约 80% 以种田为生。

杨： 我看你们乡里很富啊，盖了很多大房子，日子过得很好。

乡长： 一般都是靠卖土地盖房子。一般农户种田就只能维持平时的生活，种的也只够自己吃。

杨： 那剩下的 20% 干什么？

乡长： 剩下的 20% 主要靠外出打工维生。

杨： 那这些人是不是没有土地的人？

乡长： 他们没有土地，只有村里的房子，每天外出打工，早出晚归。

杨： 那打工者是不是比靠种地为生的人生活得好一些？

乡长： 种田的生活好一些。

杨： 我看你们这儿人很多，是不是有不少人除了种田以外没什么事情做？是不是也出去打工？

乡长： 农闲时间，有地的人家也有人会去城里打工。

杨： 你们种的都是什么庄稼？

乡长： 种得最多的是水稻，再就是小麦、玉米、棉花。

杨： 你们这儿1费丹的水稻产量是多少？

乡长： 3000公斤。

杨： 你们种的农产品主要是自己用、自己吃还是到市场去卖呢？

乡长： 留一年的口粮，剩下的卖掉。

杨： 乡里有没有家里土地特别多自己用不完的？是不是让别人替他种地？

乡长： 多余的土地会租出去。

杨： 这样的农户多不多？

乡长： 挺多的。

杨： 这150个家族中能占多少？

乡长： 一半的家族会把土地租给别人。一般是自己种一半，租给别人一半。

杨： 你们这儿有没有小工厂或者其他的企业？

乡长： 没有。

杨： 手工业、运输业也没有吗？

乡长： 有人用皮卡车搞运输。

杨： 有没有家里穷得过不下去的？

乡长： 有一半是属于这样的情况，生活很困难。

杨： 那地主家的土地一般是怎么租的？租金是多少？

乡长： 1费丹的租金大概是2000~3000埃镑[①]。

杨： 1费丹的土地能有多少钱的收入？

乡长： 一年种两季作物，大约有8000埃镑的收入。

杨： 1费丹地，租户给地主交多少租金？

乡长： 比如说土地是我的，租户每年给我交3000埃镑，剩下5000埃镑就是租户的。还有一种情况，租户种出来的农产品交一半留一半。

---

① 1埃镑等于0.85元人民币。

杨：也就是说，一般情况下 1 费丹土地的租金就是 3000 埃镑，好一点的土地，地主和租户就会对半分成。农民种地是用机械还是完全靠人力？种地的成本投入怎么算？

乡长：一般都是租田的人自己投入，租用拖拉机还有灌溉的水费都是租户自己承担。

杨：那你收 3000 埃镑的租金，租户只得 5000 埃镑，另外还要自己承担这些费用，种子费用也是租户自己出吗？这样的话，租户的生活很苦。

乡长：但如果收成是对半分，那这些费用也是对半平摊。

杨：哦，那成本也是对半。

乡长：对。但这种情况下，地主可能会亏钱，不一定会比租户挣得多。因为要承担成本，而且收入不多。

杨：也就是说，种地的成本主要包括购买种子、雇用拖拉机犁地和灌溉。那灌溉的费用是多少？

乡长：不交水费，但需要交租用抽水机的费用和电费。

杨：租用抽水机一个小时得交多少钱？

乡长：20 埃镑左右。

杨：那水是谁管？

乡长：政府管。

杨：这个灌溉的水是什么水？

乡长：河水。

杨：那可以随便抽水灌溉吗？

乡长：在埃及，灌区没有灌溉水资源匮乏的问题。

杨：那么种 1 费丹地的成本有多少？

乡长：一年 2000 埃镑左右。

杨：那成本也挺高的，租户挣不了多少钱。一个农民一年能种几费丹地？

乡长：1 费丹的地需要一家人一起种才行，一个小家庭一般是 5 ~ 10

口人。

杨：一个小家庭能种多少费丹的地？

乡长：2～3 费丹。

杨：也就是说，租户种 1 费丹的地能挣 3000 埃镑，一个家庭一年也就是 1 万埃镑，是不是这样？

乡长：大概是这样子。如果自己种，3 费丹一年大概有 1.8 万埃镑的收入。

图 14　向农民了解水利灌溉情况

杨：这样的租户家庭平均每人的年收入也就一两千埃镑？

乡长：种自家的地一年有 1 万埃镑，租户的收入就没这么多。

杨：租户的收入大概少一半，也就是 5000 埃镑？

乡长：对，大概是这样，租户收入会少一半。

杨：就是说，如果一个家庭 10 口人，种自己的地一年人均有 1000 埃镑，种别人的地就只有几百埃镑？

乡长：大概是这样。对于没有土地而外出打工的人，他们的工资收入是按日结算的，干一天有一天的收入。

杨：外出打工一天能赚多少钱？

乡长：大约一天能赚 50 埃镑。

杨：那土地要不要交税？

乡长：有，1 费丹交 60 埃镑的税。

杨：那也不多，没有地的人是不是不用交任何税？

乡长：是的。

杨：那这个土地如果买卖的话，价钱怎么定呢？

乡长：这要看土地质量，一般的土地是 50 万埃镑 1 费丹，好的是 100 万埃镑 1 费丹。

杨：那说明有地的人还是很有钱的。你的乡长任命书是哪一级政府颁发的？

乡长：内政部颁发的。

杨：任期是多少年？

乡长：是世袭的，我爸爸是乡长，我的儿子以后也会当乡长。

杨：那你当了多少年乡长了？多少代了？

乡长：三代人，每届五年任期。第一次的任命是选举的，后面是世袭的。但最终由内政部任命。同时还要看履职情况和表现，任期内干得好的话就可以续任。

杨：你是学什么专业的？

乡长：我高中毕业。

杨：政府给乡长发工资吗？

乡长：不发工资，但有荣誉，如颁发荣誉证书等。

杨：那你主要管什么事情呢？工作的主要职责是什么？

乡长：主要是维护乡里的安全稳定，还有调解村民之间的纠纷。

杨：如果你调解了，但村民不听怎么办？

乡长：一般会听，如果我处理不了，可以请警察介入。

杨：乡里有没有警察局？

乡长：有警察局。

杨：那你有没有助手？

乡长：有几个保安相当于助手。这些保安负责保护乡长安全，也会帮助调解纠纷，还负责看护乡里放置武器的办公室。

杨：这就是你的办公室吗？

乡长：不是，我的办公室在这间房子的后面。

杨：我们所在的房子是你自己的房产还是政府给的？

乡长：是我自己的。

杨：乡里的保安也是政府派过来的吗？

乡长：是的，是政府派过来的。

杨：保安每天都来上班，是吗？

乡长：是的，晚上也要进行巡逻。

杨：这些保安归你指挥、归你管吗？

乡长：是的。

杨：你要经常给政府写报告吗？

乡长：每天都写报告，之后发给内政部。

杨：是用传真发还是通过其他途径？

乡长：会有专门的人前来取报告并送到警察局，警察局签收汇总后再将原件退还回来。如果乡里出现安全问题，乡长要负责。（杨按：警察局每天将各乡情况汇总后再报内政部。）

杨：哦，每天都有人来取这个报告，那这个报告里都写什么呢？

乡长：主要是安全问题。

杨：每年有没有年度报告？关于日常生产相关内容？

乡长：只写安全方面的报告，其他内容不会涉及。

杨：这报告里要涉及现存的问题吗？比如说有待解决的问题，存在什么安全隐患，这些情况也要写进去吗？

乡长：报告交到警察局后，内政部会派人来取。如有什么问题，警察局会派人进行调查。（张按：乡长没有直接回答这个问题。）

杨：政府每年都统计人口吗？是怎么统计的？

乡长：一般对新生儿进行统计，因为孩子出生要到专门部门去办理出生证。

杨： 出生证在哪儿办？

乡长： 在卫生部门办理，然后在警察局备案。出生证明和死亡证明都是这样。

杨： 清真寺是不是也归警察局管？

乡长： 不是，宗教部门管理清真寺并确定清真寺在哪儿建。

杨： 阿訇也是宗教部门任命的？

乡长： 嗯，是的。

杨： 乡里如果发生宗教方面的问题，阿訇会管吗？

乡长： 阿訇就管这个，但是我们乡没有任何的宗教问题。

（杨按：在当下埃及，宗教是个敏感问题，乡长显然不愿多谈这方面情况。）

杨： 如果有基层选举活动，谁来负责？

乡长： 我负责。

杨： 你负责给村民发选票吗？

乡长： 我负责发，村民自己过来取。

杨： 谁去给村民通知选举活动？

乡长： 我让保安去通知。投票工作不是我负责的，是政府派人专门管理。

杨： 那选举费用呢？

乡长： 候选人负责选举的费用。

（杨按：这是很重要的规则，这个规则也就决定了如果想竞选必须有一定的经济实力。）

杨： 你这里是埃及最基层的政府机构吗？

乡长： 这里就是最基层的政府机构了。

杨： 如果上级组织有事情要传达给村民，你是怎么通知到各户村民的？

乡长： 每个小村都有一个安保人员，他们都是本地居民，负责传达。同时也有一些有威信的村民帮着我传达。

杨：这些安保人员有工资吗？

乡长：有，政府给安保人员发工资。

杨：你说乡里一般没有什么宗教问题，那这里有没有教派之分？

乡长：没有派别之分。

杨：穆兄会算是宗教派别吗？

乡长：不，是一个政治派别。

杨：穆兄会对宗教有影响吗？

乡长：没有。

杨：乡里的教育状况怎么样？

乡长：乡里有10个小学，只有1个中学。这边最缺的就是学校和医院。

杨：政府规定义务教育是多长时间？

乡长：政府规定必须小学毕业。埃及的小学、高中甚至大学教育学费全免。

杨：小学教育是几年？教育用地是怎么解决的？

乡长：6年。学校用地属于国有资产。

杨：一般的孩子是不是小学毕业就不念书了？

乡长：根据家庭或者个人情况而定。

杨：大学生多吗？

乡长：大学生不多。

杨：大学生一般是不是毕业后就不在这儿待了？

乡长：大学生毕业后一般都去城里工作，家还在这边。

杨：你家里有几个孩子？

乡长：3个儿子，1个女儿。

杨：你有多少地？

乡长：有很多。我妻子的弟弟也是乡长。

（杨按：看样子他不愿说具体数字。）

杨：你妻子和你们家是不是亲戚？

乡长：没有亲戚关系。

杨：你儿子找对象是不是也找本乡的或者找亲戚？

（杨按：问此问题是想知道他们是否近亲通婚。）

乡长：一般到其他乡去找。

杨：儿子结婚以后会分家吗？

乡长：我儿子都已经分家了。

杨：你儿子结婚以后，你的土地都分给他们了吗？

乡长：我去世后才会把土地分给他们。

杨：平时你是不是还要给儿子一部分你的收入？

乡长：我儿子现在拿工资了，他可以自己养活自己，他有需求了我才给。

杨：你家里有没有管家？

乡长：有，有专门的管家，给他支付工资。

杨：你父亲还活着吗？

乡长：24 年前就去世了。

杨：你父亲有几个孩子？

乡长：我是最小的，有 2 个儿子，3 个女儿。

图 15　在布哈拉省农村乡长屋前合影

杨：那你父亲去世后就把土地分给你们了吗？

乡长：是按照伊斯兰教法分的，儿女都有份，女儿分得少，儿子比女儿多分一倍。

杨：你哥哥也在乡里吗？

乡长：我哥在布哈拉市政府工作，职务相当于部长。

杨：你哥哥在这里的土地都卖了吗？

乡长：没有卖，他雇人给他种地。（杨按：这些人被称为“外在地主”。）

杨：你的姐妹也都在这个乡里吗？

乡长：都嫁出去了，只有一个离我比较近。

杨：你在这个乡里亲戚多吗？

乡长：基本上都是我们家族的。

杨：你们家族应该是这个乡的创建者。你们家族是150个家族里最大的吧？

乡长：是的。我叔叔的儿子都是议员了。

杨：你们家族有多少年的历史了？

乡长：说不清楚。

杨：你们这个大家族里的成员是不是都是土地比较多的？

乡长：我们家族拥有这个乡大部分的土地。

杨：家族里像你们家这样的大户有几家？

乡长：我们家族有4500费丹土地，我爷爷的时候就有1500费丹土地，现在没那么多了，慢慢分下去了。

（杨按：乡长的爷爷那个时代应该是指1952年以前。分家后，土地分散了，每户就没有那么多土地了。）

杨：是不是随着乡里人口的增加，耕地面积也增加了？

乡长：变少了，有些人把土地卖掉了，还有些人在耕地上盖房子，也要占用土地。

杨：有没有新开垦的荒地？

乡长：没有荒地。

（杨按：埃及近几十年内人口增加的速度远远超过土地增加的速度。由于水资源有限，实际上耕地增加很少。）

杨：那就是人越来越多，每个人分到的土地就少了。

乡长：是的。

杨：那过去人口少，是不是人民生活好？

乡长：肯定是现在比过去好啊！

杨：是因为粮食多了，还是因为别的原因？

乡长：社会生活水平总体比以前好，有些人在城里赚了钱，把钱带了回来，改善了这里的生活条件。

杨：你在城里有很多亲戚，那你是不是经常进城？

乡长：是的。

杨：在城里买房子了吗？

乡长：我在城里有一栋楼。

杨：在布哈拉城？

乡长：不是布哈拉，在另一个小城市，我是在那儿买的。

杨：是租出去还是自己住？

乡长：有出租的，也有给孩子住的。

杨：你在那儿没有办企业吗？

乡长：没有，我在那儿有很多门面房。

杨：挺了不起的，你今年多大年纪了？

乡长：60 岁。

杨：看着很年轻啊，有那么多儿子了。你儿子是工程师还是公务员？

乡长：政府部门公务员。

杨：你有多少孙子啊？

乡长：2 个孙子，5 个孙女，一共 7 个。

杨：中国只能生一个孩子，我比你年纪大，我只有 1 个儿子。

乡长：您多大了？

杨：64 了。你们政府不管计划生育吗？

乡长：不管。在埃及，家族大了，势力就大，生得越多，势力越大。

杨：一般家庭有几个孩子？

乡长：有 5 个的，有 10 个的，也有 15 个的。

杨：穷人是不是生得少一点？

乡长：穷人不少生，有的人工作都没有，还生 15 个孩子。

（梁按：由于没有计划生育政策，埃及人口增长很快，目前是 20 世纪 50 年代的 3 倍。）

杨：你若有机会去中国的话，到北京来，我陪你走一走。我可以找一些学阿拉伯语的学生给你做翻译。很感谢您接待我们这么长时间，我们把地址留下，你要是来中国，事先与我们联系。

乡长：在埃及有很多中国人来工作，我觉得中国人都很好，很能干。我以后会去中国看看，去北京看看，会去找你们。

杨：希望你趁着身体好的时候去中国走走。宁夏是一个穆斯林很多的地区，有很多清真寺。

乡长：好的。

谈完话，乡长又请我们参观了他儿子的住宅，也是一栋二层楼。我们进去参观的一间会客室足有六七十平方米，陈设豪华气派。

（五）访谈小结

这次访谈，让我们看到一个乡里不同家庭之间土地和财富占有的悬殊。在我们拜访的这个世代富有的大家族中，其成员不仅有农村的大地主、世袭的乡长，还有政府的高官。显然，1952 年纳赛尔的土地改革有限制占有土地数量的规定，如单个家庭占有土地不得超过 200 费丹。这个家族通过兄弟之间的分家等形式，将土地在家族内部分散了，并非将土地分给了无地、少地的农民。这样的家族在乡村和政府中的影响力依然强大。这次访谈还让我们得到一个重要信息，据乡长介绍，该乡有一半的农户处于无土地和贫困之中。这应当是当前和今后相当长时间内埃及农村最重要、最亟须解决的社会问题。我们也看到，农村主要掌控在乡长、村长、乡村警察、中小地主和清真寺的阿訇手中，政府主要通过他们管理农村。

三 村长、教师及店主访谈录：农村土地与生活调研

（一）访谈目的

继走访亚历山大省巴斯拉格乡之后，第二天调研组来到布哈拉省的萨杜拉斯村访问。在这个村子里，我们拜访了该村村长和一位小学阿拉伯语教师。我们的目的是通过访谈和观察，在前一天访问的基础上，进一步就埃及农村的土地问题、灌溉等农业生产中的细节、基层组织与农村管理，以及医疗、教育和人口等问题进行调查。从访谈和现场观察中，我们又了解到不少新的情况，与前一天我们了解到的情况也可以互相印证。

（二）访谈背景

埃及的农业主要集中于尼罗河三角洲。这里自然灾害较少，土地肥沃，农田收成稳定，但人口高度集中，农户缺少土地和隐性失业问题比较突出。省政府以下的农村基层组织与管理比较薄弱，有学者甚至称埃及“农村几乎制度空白和组织空白”①。政府在公立医院和学校建立的医疗、教育等方面的免费制度，虽然意在建立服务于全民的社会保障体系，初衷很好，确实在一定程度上满足了基层民众的需要，但通过与村

① 温铁军：《埃及农村地权冲突调查分析》，《世界农业》2007 年第 6 期。

民的谈话可以感到这些制度实行多年来在农村仍存在很多不尽如人意之处。

访谈时间： 2015 年 7 月 18 日中午

访谈地点： 布哈拉省萨杜拉斯村

访谈对象： 小卖部店主（简称店主） 村长 阿语教师 村民甲 村民乙 村民丙

访 谈 人： 杨圣敏（简称杨） 张前进（简称张）

阿文翻译： 马永亮

记录整理： 刘炜凡 晁亚丽 李小芳 刘丽娟 白雪梅

中文统稿： 杨圣敏 张前进 周丽娅 马永亮

（三）访谈情境

当天上午，调研组乘车出发去访问布哈拉省萨杜拉斯村。由于路途遥远，中途我们在路边一个餐厅吃了午饭后继续赶路。随后汽车从柏油大道拐入一条土路行驶，土路两边都是青葱田野，沟渠纵横，各种庄稼看样子都长势良好。约 20 分钟后，我们到达萨杜拉斯村。村中的农舍多为钢筋架构的砖房，房屋较密集，院落都不大，一个挨着一个。院子里可见谷堆，以及圈养的牛、羊，还能看到很多抱着婴儿的妇女。院落多分布于村中一条三四米宽的中心土路两侧，一条小渠与土路平行流过。现在正是学校放暑假的时候，所以我们的出现引来大群赤脚的孩子跑来跑去围观喧闹。大人则在稍远处观望。几位负责接待的村民热情地前来迎接。几位中年男子把我们引进一家普通农户院内，进入了一个约 15 平方米的铺着地毯的客厅。房子主人说他是一个小卖部老板。调研组成员与主人握手寒暄后，席地而坐，主人摆上茶水，开始互相自我介绍和谈话。

图 16　在布哈拉省萨杜拉斯村村民家中

（四）访谈内容

店主：你们好！欢迎你们！

张：谢谢！很高兴来到贵村进行采访调研。

店主：我们也很荣幸，你们的到来让寒舍蓬荜生辉。

张：我们来自中国宁夏回族自治区。宁夏有很多的穆斯林。为了促进中阿合作与交流，加深中阿人民的友谊，我们宁夏大学成立了阿拉伯学院，培养了很多阿拉伯语复合型人才。今年公派了 24 名学生在亚历山大大学访学。

店主：中埃两国以及两国人民关系友好，我们对中国的了解，大部分来自从中国进口的商品，埃及遍地“中国制造”。（朗声大笑）

张：看来中国商品很受埃及老百姓欢迎。我们这次来，一方面是为了看望我们的学生；另一方面是和亚历山大大学洽谈学生访学合作事宜，更好地进行阿语人才的培养，同时对埃及农村进行一些基本情况调研。给您添麻烦了。

店主：不麻烦，非常荣幸。

张：中国人对埃及社会基本情况了解甚少，尤其是埃及的城镇和农村，大部分是通过欧美国家的一些媒体和文献进行了解。所以我们想借此机会，通过家访的形式，对埃及农村的概况有更多的了解。

店主：我想说的是，欧美国家的一些报道和文献不一定是真实的。你们的这种调研方式很好，拉近了我们之间的距离，增进了彼此的了解。现在埃及的人口增长很快，我们也需要学习和借鉴中国的一些发展经验。（杨按：埃及人口增长率较高，年均达到1.79%；2015年，埃及人口已经突破9000万。[①]）

张：我们此行的目的就是想与你们进行面对面的交流，增进对埃及农村百姓的了解，把真实的情况介绍给我们的学生及相关研究人员，让他们真实地了解埃及农村的基本情况，感受埃及淳朴的民风和老百姓的善良热情。

店主：我们希望你们每周都能来。

张：中埃关系一直很友好，所以当埃及百姓见到我们的时候，他们就会非常热情地说Chinese、Chinese。

店主：中国人非常聪明，虽然有些东西自己需求不多，但是会批量制造并出口到我们阿拉伯国家，比如说我们用的泰斯比哈（杨按：穆斯林拿在手上计算颂词次数的串珠），还有礼拜毯等穆斯林用品。可以看出中国小商品制造业很发达。（杨按：我们在埃及和摩洛哥常常听当地人感叹在其国内市场到处都可以看到中国商品。）

（店主家人拿出几盘自制的糕点招待我们，并告诉我们这是为节日准备的。）

张：您能介绍一下您身边这几位吗？

店主：这是村长，那是我们村里的阿拉伯语教师，其他几位都是本村村民。我们村里人的关系都很好，就像一家人一样。

张：这附近有学校吗？孩子们都是怎么去上学的？

① 2015年12月6日22时整，埃及中央公共动员与统计局（CAMPAS）大楼的巨屏上显示，埃及人口突破9000万。

店主：这里的学校都是按地理区域划分的，离我们最近的学校有5公里远，但是不属于我们村所在的片区。我们这个片区的学校离我们村有十几公里远，孩子们上学没有交通工具，而且上学的路都是土路，一到冬季，小孩走路去上学特别困难。（杨按：埃及气候，夏季干旱无雨，冬季则雨水较多，故冬季道路泥泞难走。）

杨：这里的农业灌溉都是用尼罗河河水吗？

村长：是的，是用从尼罗河引过来的渠水灌溉。

杨：那饮用水也是尼罗河河水吗？

村长：是的，我们的饮用水是政府铺设的地下管道引过来的尼罗河河水，但饮用水管老化严重，污物容易进入水管，水质很容易受到污染，我们喝的水有时候不干净。

杨：那为什么不打井？

村长：这里的地下土层与中国不一样，地下全是石灰岩层，岩石层里没有地下水，打井的话，太深了，很困难。此外，管道饮用水也经常停水，正常供水不能得到满足。

（杨按：村庄都是在距离尼罗河两岸不远的绿洲上，我们估计当地地下水水位应该较高，打井应该不困难，但当地人却说不能打井，而且说没有地下水。我们此后几天在公路两旁观察到所有裸露的小山丘，都是很厚的石灰岩层，之所以他们说打井困难，也可能是当地的打井设备和技术较为落后。）

杨：这个饮水管道是什么时候铺设的？

村长：80年代安装的。现在不少管道已经老化破损，早就该维修或更换了。

杨：那已经有30多年了，有些管道肯定会老化破损。（杨按：我们所到之处，常可以看到农村基础设施建设很薄弱，基础设施的建设显然是埃及全国性的迫切需要。）

杨：能不能请村长给我们介绍一下这个村子的概况，有多少人口，多少户人家？

村长：我们这个村大约有 3000 人，有 80 个大家族，1 个家族大概 25 口人以上，每个大家族又分为一些小户，每一小户大概有 5 ~ 6 口人。

杨：你们村有多少年历史了？

村长：大概有一百多年了。

杨：这里的村民都是本地人吗，有外来迁移到此的吗？

村长：不全是本地人，也有外来户。

杨：村子里有多少土地？

村长：大概有 200 费丹，现在人口增长速度过快，土地有限，不够耕种，因此有许多人去亚历山大市等地打工，但大部分人还是在家务农种地。（杨按：该村 3000 人，200 费丹耕地，平均每人约有耕地 0.42 亩。）

杨：那周围有没有可以开垦的荒地？

村长：没有荒地可以开垦。

杨：这里的农业用水都是由政府监管吗？灌溉农田的水是否够用？

村长：是的，水都是政府管。灌溉用水不够用。

杨：灌溉用水是由政府的哪个部门监管的？

村长：国家水利部下属的布哈拉省水利局监管。

杨：我们看到渠边有很多水闸，这些水闸是由谁监管的？是自己村里的人管吗？

村长：不是，是水利部专派的监管人员监管。

杨：我们了解到在古代埃及，父亲给几个儿子分财产的时候会分渠水，按照灌溉的时间分渠水，现在还有这个习俗吗？是怎么分的？

（杨按：古代中东地区曾有父亲给几个儿子分财产时分水份的记载，因为有多少水就代表能够耕种多少土地。）

村长：现在不分了。根据伊斯兰教法，在父辈去世以后，儿子会分到女儿两倍的财产。现在灌溉用水是政府两周分配一次，每户用水时间是规定好的，自家田地放够水以后就轮到下一家。村长仅协调分水，水还是由水利部监管。

杨：那政府每年的分水量有什么不同吗？

村长：这个是根据每年尼罗河的水量来分配的，有的年份水少，有的年份水多。

杨：那现在还会开垦新的土地吗？

村长：会，但是由政府开发并分配给人民。既不是租也不是卖，就是分配。（杨按：埃及政府曾多次开垦土地分配给无地农民。）

杨：咱们这个村子都种哪些庄稼？

村长：水稻、玉米、棉花、小麦等。

杨：水稻占多大比例？

村长：因为缺水，种植的水稻比较少，有些地区甚至不种水稻。大部分水稻在尼罗河三角洲地区种植，这里也算是尼罗河三角洲地区，但是水资源相对匮乏。

杨：村民之间会不会因为用水发生争执？

村长：不会。缺水的时候，他们就会去水利部投诉，水利部就会多放1天水。

杨：遇到干旱的时候，用水会受什么影响吗？

村长：冬天的时候，放水量就会减少，但是不影响灌溉，因为冬天会下雨，冬天这里主要种植小麦。

杨：1费丹耕地能打多少小麦？

村长：大约1200公斤。（杨按：亩产近400斤。）

杨：使用化肥吗？

村长：很少使用。

杨：一年种两季庄稼，这一季种什么？

村长：夏天种水稻和玉米，冬天种小麦。夏天不下雨，但冬天的降雨量基本能满足种植小麦的用水量。

杨：每户人家每年的庄稼产量够吃吗？有没有剩余的出售？

村长：不够吃，所以没有多余的可以出售。因为埃及是目前世界上最大的小麦进口国家，所以政府现在开发了更多的土地种植小麦，争取三四年后不再进口小麦，可以自给自足。

（杨按：如果按照人均0.42亩土地、亩产400斤计算，人均占有粮食约160～170斤，所以村民自产的粮食是不够吃的。）

杨： 那除了种植业以外，还有没有其他副业？比如畜牧养殖？

村长： 没有，家里会养一些家畜，一些用来食用，一些用来繁殖。

杨： 那村子里的土地分配合理吗？

村长： 在以前的封建社会时期，土地分配极其不公平。现在都是由政府分配，所以差别不大，基本每户都差不多。也有1～2户人家，家里有2费丹土地，算是这里土地最多的人家。

杨： 用什么耕地？

村长： 拖拉机。

杨： 那这里有多少人没有土地？

村长： 大约有一半人没有土地。没地的人大都去亚历山大市打工。

（杨按：我们前一天访问的村子也是有一半人没有土地，可见这种情况在埃及农村是比较典型的。）

图17　访谈农村小学教师

杨： 打工每天的收入大概是多少？都做什么工作？

村长： 大概50～60埃镑。大部分去建筑工地打工。

杨：这位老师，你们家有多少地？

教师：大概半费丹。

杨：您家的地是您自己种吗？

教师：是的，有时候我的兄弟姐妹也会来帮忙。

杨：您当了多久的老师？待遇怎么样？

教师：我从 2004 年开始当老师，刚开始的时候月薪 150 埃镑，现在有 11 年教龄了，月薪涨到 1200 埃镑。不过去年政府出台了相关规定，教师最低工资每月 1200 埃镑，有的教师能拿到 2000 埃镑。（杨按：目前每埃镑约合 0.85 元人民币。）

杨：学校里有多少学生？

教师：我们是小学部和初中部在一起的，小学一共 385 个学生，有 15 个老师。

图 18　调研农村小学教育情况

杨：适龄儿童都会去上学吗？

教师：是的，必须去上学，这是政府的规定。

杨：咱们村子除了村长，还有其他负责人吗？

教师：就是村长负责。

杨：村长有没有专门的办公室？

教师：就在自己家里。

杨：村里面什么事情都是村长管，还有没有别的助手？

教师：只有他一个人。

杨：村长是政府任命还是村里选？

教师：是政府任命的。

杨：村长有没有任期，还是一直可以当村长？

教师：是通过选举的。一般任期是五年。

（马按：根据教师说话时的表情可以看出，村长的选举和任期也许只是流于形式。）

杨：上一届村长和本届村长是一个家族的吗？

教师：不是，是不同家族的。

杨：那这个村长当多少年了？

教师：15 年多了。

张：那就已经连任 3 届了。

教师：这是第 4 届了。

杨：村级和省级之间有几级政府机构？

教师：村子上面直接是省政府的机构管，哦，中间还有一个叫“مركز”（阿语意为“中心”）。

杨：就是在省下面？

教师：对对，省以下还有个叫“مركز”，但是我不知道在中国应该是哪一级机构。

杨：在中国应该叫“区”“县”，或者叫“乡”。

教师：乡，对，应该是乡。

（杨按：据我们的调查和多方了解所知，埃及的行政机构没有县一级，省之下就是乡和镇。省政府直辖的各种职能部门，直接分管乡和镇的各种事务。如：水利、灌溉等事就归水利局管，治安归公安局管。中东地区的国家可能都是如此。）

图 19　给农村可爱的孩子拍照

杨：你们这个村离城市不算太远，那么离城较远地区的农民，是不是土地会多一些？

村民甲：不一定。

杨：这么说离城远的村子很少，农田都是沿着尼罗河才有，离河太远了就没有水。

村民甲：再远一点就到沙漠地区了，尼罗河附近的地区才有村庄。

杨：对，看样子的确是这样。这里一般每户有几个孩子？

教师：一般 2 ~ 5 个，大多数家庭有 4 个左右。

杨：是不是结婚都找本村的人？

教师：村内通婚的比较多。

杨：是不是亲戚之间通婚的比较多？

教师：本村邻里之间通婚多一些。

张：这边娶个媳妇得花多少钱？

（屋子的门开着，门外有多位村民围观。）

教师：（指着其中一个姑娘）这个姑娘 5 天后就要结婚了，现在正在准备婚礼。一般是 7 万到 10 万埃镑，也要看家庭情况，不完全一样。一般都在开斋节和宰牲节（亦称“古尔邦节”）前后举行婚礼。（那位漂亮的阿拉伯姑娘听阿语教师说她，并不躲闪，有点害羞地冲我们笑笑。）

张：与我们那边的农村差不多。

杨：这里一年四季，农民哪个季节比较忙？

教师：还是夏天最忙。

图 20　调研农村水稻产量情况

杨：夏天都主要干什么活？

教师：夏天种水稻和蔬菜，还要收割。

杨：收割是人工还是机械？

教师：都有。

张：种的蔬菜是自己吃还是卖？

教师：都是自己吃，一般不卖。剩余的时候卖一点。

杨：农民结婚，嫁女儿要是钱不够了，是不是也卖地啊？

教师：不可能卖地。土地是我们的命根子，土地就是生命，还代表一户人的面子，没有土地就没面子。

杨：为什么有的农民家里没有地？是过去把地卖了，还是有其他原因？

教师：如果有的人在城里有比较稳定的工作，他们会把这里的地卖了，离开村子，搬到城里。

杨：我还想问一下，这个村子不是有一半的人没有土地，那么这些人是本来没有分到土地还是其他原因？

张：不是纳赛尔时期给没地的农户都分过地了吗？

教师：哦，那也是靠运气……有些人运气好，分到了土地；也有运气不好的，没有分到土地，所以到现在也没有土地。以前多数人是在祖辈居住的村子里，但是随着人口增长，人均占地越来越少，有人就把自己的地卖了，搬到偏远一些的村子去住，置更多的地。因为土地价格不一样，偏远地区多是政府开的荒地，价钱比较便宜。

（马按：比如当地1费丹的地卖了之后，可以在偏远地区买到4费丹新开垦的土地。）

杨：你们的饮用水是经过净化的吗？

教师：是经过净水站净化的尼罗河河水。

杨：自来水都入户了吗？

村民乙：每几户共用一个水龙头。但是过去建的地下水管道年久失修，有的地方漏水，泥沙也渗进来，造成了水污染。也有农户要用水泵抽水。

张：那就是水压不够。

教师：是的，水压不够，需要水泵增压。

杨：以前没有净水站的时候，你们喝什么水？

教师：20世纪40年代之前，我们直接喝尼罗河的水。现在那个净水站也是很早之前就有了。

（杨按：这是个值得注意的情况，尼罗河两岸都是很深的岩石层，难以掘井灌溉，这也许就是自古埃及人就只能靠尼罗河水灌溉的原因吧。如果只能靠尼罗河水灌溉，就必然产生集中管理河水的政权，这样的政权也必然是一个集权的政府，这样的社会也必然是集权的社会。如果能够掘井灌溉，就可能产生一家一户比较独立的小农户，不靠大灌溉渠的小农户，这对社会制度是有深刻影响的。)

张：这个村子考上大学的能够占到多少比例？

教师：大多上职高、上技校，大学生特别少。

杨：现在是不是小学放假的时候？

教师：是的，6 月到 9 月是小学的暑假。

张：村民一般到城市里的次数多吗？

教师：经常去，但去的都是邻近的小城镇。

张：交通的费用能有多少？

教师：去邻近的小城镇一两埃镑。

杨：你们这里通公交车吗？

教师：全是私人的小巴，只有大城市才有公共交通。

杨：有私家车的人多吗？

教师：我们村没有。

杨：那农用拖拉机呢？

教师：村里只有一台拖拉机。

杨：是大家集资购买的吗？

教师：是私人买的，其他人租用。

张：村里有医院或者卫生所吗？

教师：没有，医院在镇上，离这儿特别远。

张：是公立医院还是私人医院？

教师：是公立医院，但医疗服务水平比较低。如果得重病去公立医院看，病还没看呢，人就已经死掉了，因为要等很长时间。

张：那私人医院是不是收费很高？

教师：很贵。

杨：村里有多少个清真寺？

教师：只有一个。

杨：那农民是不是每天都去做礼拜？

教师：大多数都去，主麻日去的人多一些。平时大家都很忙，不一定每天都去。

杨：寺里的伊玛目是政府任命的吗？

教师：是政府任命的，从外面派来的。

杨：除了清真寺的事务，伊玛目还负责管理其他事务吗？

教师：不，只管寺里面的事情，其他不管，只管宗教事务。

杨：如果村民之间发生纠纷，谁来管？

教师：主要由村长管，但伊玛目也出面调解。

张：伊玛目在假期给孩子教《古兰经》吗？

教师：教，主要教背诵《古兰经》和《圣训》。

张：埃及有没有女寺？

村民丙：没有女寺，清真寺一般在内部给女性专门划分一个区域。

张：开斋的时候，女性去清真寺吗？

村民丙：这里开斋不在寺里开，都回自己家里开斋。

教师：我带你们到村里看看。

（随后调研组在村长、阿语教师和小卖部老板的陪同下，参观了村容村貌，走访了5户农家，了解了基本生活状况。）

（五）访谈小结

这次访谈的村庄，与我们前一天访谈的村庄，有一个值得注意之处，即两个村子都是有一半的农家没有土地。埃及农村大量农户没有土地，显然是一个需要解决的社会问题。

埃及的行政区划制度是全国划分为若干省，省之下是乡和城镇（没有县），乡之下有多个村子，村子又分为几个更小的单位，或可称之为小村或小队。乡长和村长名义上都是每五年选举一次。但我们接触到的乡长、村长都是长期担任此职。每个村里的清真寺都由国家任命阿訇负责管理。阿訇是拿工资的，工资由政府发放。

埃及的尼罗河两岸都是岩石层，无法掘井，因此埃及的农田和饮水自古只能开渠引尼罗河水，这对埃及社会制度的影响显然是深远的。埃及的乡村公路，饮用水的地下管道，乡村的小学、医院等基础设施都不足或因失修而状况不够好，迫切需要建设和维修。

四　餐厅领班访谈录：景区餐饮业人员生活调研

（一）访谈目的

这是对埃及亚历山大灯塔景区一家海鲜餐厅领班的访谈。调研组一行 10 人在亚历山大市区较为繁华的商业地段，随机选取了一个较大的餐厅，选择了一位从事餐饮业的职员，重点了解埃及城镇从事餐饮业居民的基本生活状况。访谈内容分三个部分：一是了解被访谈者所在餐厅从事经营的面积、员工人数、就餐情况、经营毛收入、纯收入、各种税费等基本情况，以期了解和掌握埃及城镇繁华地段餐饮业经营状况；二是通过了解被访谈者在餐厅的角色、主要工作职能、月收入（含奖金、小费等）、每天工作时间、职员社会保险、退休金、养老金，以及所在餐厅一般服务员月收入、服务员招聘情况（含城镇、农村）等情况，以期了解和掌握埃及城区餐饮业主管、员工的一般收入状况、劳动力就业情况、社会保险情况；三是通过了解被访谈者的家庭人口、住房情况、家庭开支（含吃、住、水费、电费、教育成本）、家庭其他成员工作等情况，以期了解和掌握埃及城镇餐饮业中层管理层家庭收入、支出及对社会的期待等状况。

（二）背景资料

旅游业是埃及的支柱产业，并且已经成为埃及主要外汇收入来源之一。但是近年来，埃及政局动荡，给埃及的旅游目的地形象、旅游经济收入、旅游人数及旅游相关行业带来了不良影响。为消除这些不良影响，埃及政府从加强埃及旅游目的地安全性、政策倾斜以及加大宣传等方面采取了积极的应对措施。

访谈时间： 2015 年 7 月 17 日上午 10:30

访谈地点： 亚历山大市滨海大街城堡旁的餐厅

访谈对象： 阿里（餐厅领班）

访 谈 人： 杨圣敏（简称杨） 张前进（简称张）
梁向明（简称梁） 瓦格迪

英文翻译： 王晓丽（简称王） 姜克银（简称姜）

记录整理： 白楠 王晓丽 白雪梅 马永亮

中文统稿： 张前进 马永亮 梁向明

（三）访谈情境

在亚历山大市滨海大街最繁华地段的一家中高档海鲜餐厅，埃及时间上午 10：30，调研组一行在等待用餐时，通过埃及向导黄宝剑（中文名）的联系，在征得餐厅主管同意后，对领班阿里进行了采访。阿里先生瘦高身材，气质文雅，操一口流利的英语。他今年 54 岁，从事餐饮服务行业已 38 年，曾在埃及沙姆沙伊赫一家五星级宾馆工作，现每月收入 5000 埃磅。他想在此行业一直工作到干不动为止。

图 21 在亚历山大市一个餐厅内与领班座谈

（四）访谈内容

张： 非常高兴认识您，我们是来自中国宁夏大学的老师。我校阿拉伯学院现有 27 名学生在亚历山大大学访学。此行前来亚历山大看望在这里访学的学生，同时也想了解现代埃及的社会状况。

阿里： 欢迎你们来亚历山大市，这里也是我的第二故乡。你们有什么问题尽管问，我会尽可能回答。

张： 我们想和您交流一下做生意的基本情况。

阿里： 可以提问题，我实事求是地回答。

杨： 您的英语说得很漂亮。您是在哪里学的英语，是在埃及还是国外学的？

阿里： 我 38 年前进入服务业，之前在埃及沙姆沙伊赫、卡塔尔等地方的五星级酒店工作。很难专门去学英语，基本都是自学。过去 18 年，我一直说英语，有时候阿拉伯语都忘记了。在埃及，英语是第二语言。

王： 语言要是经常不用的话就很难掌握，特别是在日常生活中经常使用，才能熟练掌握。

阿里： 在大学学习英语，很少有机会使用。其实英语挺难的，自己经常在与外国人交流的过程中遇到很多困难。现在工作经常需要和外国人交流，所以英语每天都要用。而且英语还有很多的口音，的确很难学。

杨： 您这家餐厅叫什么名字？

阿里： Sablina Fish 餐厅。这个名字是老板祖母的名字，是“有耐心的人”的意思。

杨： 您到这个店工作多少年了？

阿里： 仅 4 个月。你听说过埃及沙姆沙伊赫侯赛因赛林木那个店吗？我以前在那里工作了 13 年。

张： 我去过沙姆沙伊赫这个城市，但没有留意过您说的这个餐厅。

以前的餐厅生意好还是现在的餐厅生意好？

阿里：沙姆沙伊赫100%靠游客收入，在这里并不是100%靠游客收入。亚历山大市的景点有许多当地人游玩，这里的生意不如沙姆沙伊赫那个旅游城市。

张：餐厅的面积有多少？

阿里：楼上、楼下共600多平方米。

张：每天就餐的人数大概有多少？

阿里：斋月生意少，每天有30~40人；斋月结束后，游客会增多，每天就餐人数100~150人，主要是来自英国、西班牙、中国、俄罗斯、意大利等国的旅行团。

张：100~150人的团，一天营业额大概多少？

阿里：正常100~150人的团，一天营业额为7000~8000埃磅。

张：净收入是多少？

阿里：去掉工资和原料等，净收入在2500~3000埃磅。

张：这个房子是老板的还是租的？

阿里：是老板的。

张、杨：净收入中不包括房租吗？

阿里：不包括。

杨：租房子很贵吗？

阿里：租房子很贵。如果租房开餐厅的话，最后的结果是赚的钱全部交房租了。

张：一般租600平方米的营业房，租金多少？

阿里：每年租金在120万埃磅。

张、杨：如果每年房租120万埃镑，那基本就没收入了。

阿里：如果靠租房子做生意，就很难赢利。租金和地点有关系，这里靠海，租金很贵。

梁：您每月工资多少？

阿里：每天是50~80埃磅，为基本工资，加小费会更多；我每天都工作，没有休息日；如果晚上7点前下班，每天工资50埃磅；如果晚上7点后加班，每天工资60埃磅。我的基本工资是每月1500～1800埃磅，还有一些小费没有办法准确计算。

（张按：本次出访前，征求埃及外教意见时，他认为在埃及社会寻问个人工资收入是比较敏感的，应通过绕弯途径得到一些真实回答。没想到这位主管没有回避，而是爽快地回答了这个问题，使我们都感到很惊喜，也使调研组对以工资收入为主线分析当地埃及百姓基本生活状况有了一定信心，否则总感觉缺少主线，因为不论哪个国家，基层百姓收入是对社会态度最基本的价值取向。）

张：这么大的餐厅里有多少员工？

阿里：现在是斋月期间，大部分员工放假了，现在只有四五个人。非斋月时期，员工七八个人，其中包括厨师等。

张：那您挺忙的。您是主管吗？

阿里：我是领班。餐厅有两个领班，一个是首席领班，负责采购原料、负责订单等；我是二领班，首席领班不在的话，我会负责领班工作。

张：一般员工工资有多少？

阿里：每天30～35埃磅，不算小费。

张：开餐厅需要向国家缴纳多少税金？

阿里：我不太清楚具体缴纳数额，但老板每年都要向政府缴纳消费税。

杨：在这里吃饭都要给小费吗？

阿里：是的，都要给。

张：大概缴纳多少比例的消费税？

阿里：缴纳10%左右的消费税。

王：是纯收入的10%，还是营业额的10%？

阿里：（没有回答）。

张：在营业额中，采购海鲜的成本占多少？

阿里：总营业额中60%～65%的成本用于采购海鲜。

（张按：这个采购成本算很高了，一般开餐厅，采购海鲜的成本最多50%，否则成本太高，很难赢利。）

张：与同规模的海鲜店相比，你们店效益怎么样？

阿里：沿海边有个叫“海鸥”的餐厅，效益特别好。但我们餐厅海鲜很新鲜，厨师手艺也特别好，我们采购的海鲜占采购总量的85%～90%，而且海鲜的味道非常好，我们的海鲜都是鲜货，不是冰鲜，你们吃了就知道了。

杨：小费和工资大概是什么比例，是不是差不多？

阿里：（没有回答）。

杨：收取的小费怎么分配？

阿里：收取的小费，领班会拿得多一些。一般情况下，领班拿60%，员工拿40%。

杨：员工都是男士吗？

阿里：也有女员工，但一般不到前台工作，她们主要在厨房工作。外边工作的都是小伙子。

张：餐厅的员工好招聘吗？劳动力充足吗？

阿里：开餐厅，最主要的是服务员要待客热情。我在服务行业工作已38年，很清楚我们招聘员工的标准，一般很看重工作经验及服务态度。来这里应聘的人很多，但不一定都具备专业服务的能力，有的试用一天不合适就离开了。

杨：您认为招聘员工最看重什么？标准有哪些？

阿里：最重要的是经验、守时、服务态度，要有待客之道。我在这个餐厅有绝对的发言权。老板看上的人，如果我没有看上，就不能到餐厅工作；如果老板不尊重我的意见，我就会辞职走人；如果员工犯错，我会教育他，如果不听我的，我会让他离开。我对任何员工都一视同仁，举个例子，昨天有两个人到餐厅来工作，其中有一个是我的儿子，但是没有给老板说，我没有让任何人知道我们之间的关系，不会牵扯任何的裙带关系。我对所有人的要求都是一样的，不会区别对待。而且我会很严厉地要求儿子，学校里不会教你如何待客，但是在这里打工可以学到。有些孩子想赚钱但是不想吃苦，只有能吃苦才能赚钱。

（张按：可以看出他是一个很有个性而且很敬业的人。）

张：招聘的店员文化层次怎么样，初中、高中毕业各占多少比例？

阿里：我觉得招聘餐厅服务员，受教育程度并不重要，没有什么文化的员工可以在厨房干切菜、洗菜、刷碗等最基础的活儿。无论什么教育程度的员工，都必须有很强的时间观念。另外，语言也很重要，要会说话、会服务。但是如果一个员工语言能力很强，却只会负责和客人交流，其他活儿都不干的话，那么同样不行。

张：自你在这个餐厅工作 4 个月以来，员工跳槽到其他地方工作的现象多吗？

阿里：大部分都走了。

张：他们走是因为您要求得比较严格吗？

阿里：是因为我要求比较严，大部分员工都走了，所以现在很多活儿都要我亲自干。相对来说，招聘条件要求低的话，应聘的人就会比较多；要求严格的话，就留不住人。如果领班很和蔼，员工干得就会长一些。

杨：埃及亚历山大地区就业情况怎么样？员工辞职后，重新就业容易吗？

阿里：如果条件要求高的话，工作就难找；要求低的话，找工作就会容易些。

（王按：阿里先生在按照五星级酒店的服务标准要求店员，可以看出他是一个很严格的领班。）

梁：您打算让儿子接你的班吗？

阿里：我儿子在亚历山大大学社会科学学院学习，临时在这里打工锻炼。我的亲戚在石油公司当主管，我打算等儿子毕业后让他到石油公司上班。

梁：家庭困难、没有背景的学生就业怎么样？

阿里：没有家庭背景的孩子，就业只能靠运气了。

梁：您怎么看埃及学生的就业状况？能总体评价一下吗？

阿里：虽说自己不是专家，但是从亲戚朋友那里知道，认为还是法律、医学专业的学生就业率高一些。

张：您多大年龄？

阿里：我今年 54 岁。

张：以您的收入状况，在埃及算是上层、中层还是底层？

阿里：我的收入是中等水平。

张：您从五星级酒店到现在餐厅的工作期间，招聘员工中农村来务工的人多吗？大概占多大的比例？

阿里：不好估计。

张：现在的 7 个员工中，农村来的有几个？

阿里：员工流动性很强，除了亚历山大，还有其他城市来的。7 个当中，两个来自农村，昨晚已有一名辞职了。他们觉得工作太累，想赚钱但又不想太辛苦。我在过去的 4 个月中，一直在工作，没有休息日。

张：你家里有几口人？

阿里：5 口人，1 个儿子，2 个女儿，还有 6 只猫和 1 只乌龟。

张：家庭成员中有几个工作的？

阿里：老婆不工作，儿子上大学，一个女儿上高中，一个女儿明年考高中。就我一个人工作，养活全家。

张：你们家住的房子是租的吗？租金多少？

阿里：是的。埃及民间有个规定：如果 25 年前租的房子需要每月交 10 埃镑租金，25 年之后仍然是每月 10 埃镑租金。民间形成的这种制度，一般不会变。

（张按：几十年的房租，通过民间协议形式，形成不涨不降的固定房租，引起我们的关注。一般认为收入不断提高，物品、教育、医疗等开支都会增加，这是近年来市场总的一种趋势。但埃及民间房租契约形式长期不变，而且延续到现在，从一个侧面说明，在埃及只要签署一个比较合理的房租协议，老百姓在基本生活成本中就不用担心他们最关心的住房涨价问题，他们可以把多余存款用于其他投资。而这种民间约定实际又减少了很多社会矛盾。）

张：国家有这样的法律吗？

阿里：这个不是国家的法律，这个要看房东，个别房主会有上涨房租的情况。房子位置不同，价格不同，每平方米5~12埃镑不等，一般不超过12埃镑。

张：一般会签这样的协议吗？租期都会是10~15年吗？

阿里：大多数人会签很久，除了租金，水电费也要自理。租金一般不会涨。

杨：您退休之后怎么生活？

阿里：我会工作到干不动的那一天，现在活得很好，从没想过退休的那一天怎么谋生。

瓦格迪（埃及外教）：您如何看待中阿经济合作？

阿里：这个问题我很难回答。我不胆小，也不害怕，但是作为我个人，我倾向于完全真诚坦率地表达，但是这个很难，所以我只能选择不回答。

张：老板有没有给您交过社会保险、退休金、养老金什么的？是不是不干了就什么钱也没有？

阿里：除了自己的工资外，什么也没有，干一天得一天酬劳，没有任何社会保险、退休金、养老金。这个餐厅没有给员工买保险，但有些餐厅会给员工买保险。

（张按：一个较大餐厅没有给职工买各类保险，一方面说明埃及政府在劳动合同关系上还存在一些需要完善的部分，还没有形成法规层面的规定，这也可能引起一些社会问题，从而导致社会矛盾和不稳定；另一方面也说明埃及基层老百姓个人收入水平还比较低，除养家糊口外没有更多经济能力购买保险。另外，这也从一个侧面说明埃及老百姓是在拼年轻或者健康成本，当然也有可能是整个社会还没有形成这种氛围，但它是一种制度缺失或不完善，因为社会的发展，特别是在社会转型中需要这种“稳定器”的作用。）

张：您家里每月的开支是多少？比如吃、住、水费、电费等需要多少？

阿里：我家每月的所有开支大概有 3000 ~ 4000 埃镑，都花在生活上了。如果钱不够用，堂兄会接济。我在银行也没有存款。

杨：您去麦加朝觐过吗？

阿里：没有，因为去朝觐要花很多钱，要养家没有那么多钱。

张：我们听说在埃及上学是免费的，那么家里孩子除学费外，其他教育支出有多少？

阿里：上学是免费的，课本等费用也不贵，高中生每月 70 埃镑，小学生每月 50 ~ 60 埃镑。要命的是培训班的补习费用①，教授上课每小时 100 ~ 150 埃镑。老师在学校上课 15 分钟以后，就会去做家教赚钱。教师把本职工作抛在一边，干自己的私活儿。学生要想掌握学校的课程内容，还需要自己交钱上培训班。

（张按：埃及家庭教育成本表面上看并不高，和中国义务教育差不多，特别是在埃及上大学也是免学费的，但与中国相同的是中小学附加成本或隐形成本太高，这个问题在埃及可能更突出，因埃及现阶段还没有出台控制人口出生率的法律法规，城镇户均 3 ~ 4 个孩子。“望子成龙”可能是所有社会和家庭期待的，而义务教育水平、教师的职业道德是埃及转型期要深入关注的问题。）

杨：您的养家压力这么大，怎么不让您的夫人也去工作？

阿里：在伊斯兰国家，妇女一般在家操持家务。

张：您这边有客人要招待，今天我们就谈到这里，非常感谢您今天接受我们的访谈。

阿里：不用谢，祝你们用餐愉快！

---

① 注：类似于中国的家教。

图 22　调研组与餐厅领班合影

（五）访谈小结

旅游业是埃及的支柱产业，但在埃及餐饮业工作了大半生的主管人员，虽然收入在埃及较高，但生活水平很难有更大的提高。阿里每月所有收入 5000 埃磅（3000 埃磅的基本收入再加 15% 的收入），以前在沙姆沙伊赫工作要比现在条件好。他很累，不容易，是个好人，是个闲不住的人，喜欢干活。他很可能是土著人，家里亲戚应该很多。他英语很棒，发音很漂亮，可以到中国教英语。通过这次访谈，可以看出埃及对餐饮行业的社会保障体系极为不健全，餐饮从业人员没有退休机制，也没有退休金，只能“活到老，干到老”。

五　军人访谈录：生活状况和社会保障调研

（一）访谈目的

这是对埃及一位少将的访谈。此次访谈的目的主要是了解埃及军官的收入待遇、工作内容、退休保障等问题。在这次采访中，虽然这位埃及少将并未退休，但显然他的重心已经不在军队，而是热衷于政治事务。利用在军队的人脉关系，特别是与省长的密切交往，他的重心已经开始涉及房地产、国家相关规划项目等领域。在访谈过程中，他尽量回避谈及他的从军经历和军方的一些现状，而是希望积极推动伊斯梅丽亚省和宁夏的投资合作，为中埃实质性合作做出自己的努力。值得一提的是，他非常鼓励二女儿学习中文。从他的个人视角来看，中国在世界舞台上的作用越来越大，中埃两国未来发展的潜力巨大。

（二）访谈背景

20 世纪 30 ~ 40 年代，埃及内忧外患，自由军官组织是唯一有能力驱逐外辱、恢复国内社会秩序的力量集团。1952 年 7 月 23 日，纳赛尔等自由军官率领士兵发动武装起义，夺取了埃及政权，正式结束了法鲁克王室统治与英国的殖民控制。可以说，1952 年的“七月革命”是当代埃及史的开端，自由军官等革命军人是现代埃及国家的缔造者，在纳赛尔时期埃及建立了一个典型的军人政权。

1954 年之后，埃及转入国家改造与建设的新阶段。纳赛尔出于信任和另无充足人才可用的原因，把大量军官擢升进了政府。据粗略统计，“七月革命”之后，3500 名军官获得保留，约 2/3 的人继续在军队任职，约 1000 人在国家机构就职，其中，大批军官进入了中央权力部门。有资料可循，在 1953 ~ 1970 年的 16 届内阁中，共有 131 人入阁，其中军人 44 人，占 33.6%，文人 87 人，占 66.4%，军人平均任期 5 年，文人 3 年。在内阁的权力分配中，军官掌握着关键权力部门。例如，1954 ~ 1970 年，有 4 位前军官担任了政府总理，大多数副总理出身军官阶层。此外，战争部、军需部、地方行政事务部、情报部门和内政部这些关键部门都由军官领导，而政府其他部门的部长人选则在前军官与文官之间轮换。此外，军官还被委任为地方行政长官。1960 年 9 月 10 日，埃及第一次实行地方政府组织法，任命省长，在任命的 21 个省长当中，11 人为军官，5 人为警官，军（警）官所占的比例高达

76%，他们构成了埃及省长的主要来源。有学者评论这种“军官治国”现象时说，“埃及军官已经处于社会金字塔的顶端，他们在自己的文职位置上是不穿军服的，但是他们已成为当代的军阀”。[①] 从政权性质上不难看出，纳赛尔政府时期，从中央到地方，军官全面掌权，这是一个典型的军人政权。从形态上说，它是军人以其政策和人员替代文官政府之决策和人员的一种政体。纳赛尔时期，埃及的各项国家事务都深深地打上了军队的印记。

从1970年萨达特继任总统到1981年他被伊斯兰激进分子刺杀期间，埃及军队的专业化程度加强，政府的文官色彩渐浓，文官政府控制军队的能力显著提高。在这一时期，萨达特总统有意识地限制军队在政治生活中的作用，随着埃以和平条约的签订，埃及逐渐摆脱战争困扰，从而军队在政治系统中的影响下降，军队与文官政府的分离基本确定。但与此同时，军方自主决策能力加强，对自我利益的界定和维护更加明确。1981～2011年穆巴拉克总统执政期间，军队专业化程度进一步增强，军方团体利益更加突出和明确，尤其是在经济领域，军方成为重要利益集团之一。实际上，从1952年自由军官领导“七月革命”以来，埃及军政关系发展进程最终形塑了军方独特的团体性特征，其表现为团体意识明确化、团体利益特殊化、团体行动自主化。

进入20世纪90年代，1991～1992年，埃及国民生产总值增长率只有1.7%，1992～1993年为1.9%，1993～1994年为2.3%，1994～1995年为4.7%，1995～1996年微增至5%；90年代时，埃及有20%～30%的人生活在贫困线以下，失业率高达21%。然而，在这种经济不太景气的大环境下，同时期的埃及军队由于是穆巴拉克庇护关系网的重要组成部分，不仅经济利益没有受损，反而大肆扩张。到90年代末，它已成长为埃及国内最有实力的单个经济实体。埃及军队在20世纪末的一支独大，是由多种原因造成的。其一是纳赛尔时期军队的优势地位

① 黄前明、李荣建：《当代埃及军队的职能演变与军政关系调整》，《武汉大学学报》（人文科学版）2014年第1期。

一直延续到整个穆巴拉克时代。另外，自萨达特时期以来，埃及的国家转型并不顺利。埃及政府由于经济困难，财政不足，特许军队介入经济领域，壮大了军队的经济既得利益。而且从萨达特执政末期起，埃及社会领域日益泛政治化，客观上邀约军队走出军营，维持社会秩序，助长了军队势力。当然从某种角度上说，埃及军队的这种“强势”偏离了它曾经设定的军队职业化和现代化的发展轨道。

长期以来，军队一直是影响埃及政治发展的重要因素。伴随着埃及近代历史进程，军方形成了独特的团体性特征，表现为具有团体意识、利益特殊化和拥有独立决断能力，由此决定了其在政治和社会变革时期的决策倾向和行为方式。中东变局发生后，埃及教俗之间的对峙、军方与文官政府（穆尔西时期）之间的矛盾相互交织，但是，军方仍直接或间接主导着埃及政治转型进程，其作用具有双重性：既是维护埃及社会稳定的最重要力量，对于防止社会分裂、保证社会秩序、结束政治混乱发挥着重要作用；同时作为特殊利益团体，其行动逻辑乃是明显维护其特权地位。从长远看，此状况将阻碍埃及民主化进程，甚至损害民主发展的质量。

访谈时间：2015 年 7 月 20 日下午

访谈地点：伊斯梅丽亚市内

访谈对象：埃及军官（简称军官）

访 谈 人：杨圣敏（简称杨） 张前进（简称张） 梁向明 马永亮 白楠 姜克银 白雪梅 王晓丽 瓦格迪

阿文翻译：军官二女儿笑笑 马永亮（简称马）

记录整理：王婧

中文统稿：张前进 梁向明 马永亮

（三）访谈情境

当天中午，调研组一行 9 人与宁夏大学国际教育学院留学生笑笑约定去她家中访谈。临近约定时间，由于她家装修不太方便，临时改去她姐姐家中访谈。笑笑姐姐家位于伊斯梅丽亚市中心一幢五层住宅楼的二楼。住宅区规模较大，可以看出是中上阶层居住区。但是街道都是土路，基础设施较差，这也是埃及的普遍现象。笑笑姐姐家中干净整洁，摆设物件比较高档，可以看出是一个收入较高的中上层家庭。笑笑父母、姐姐、弟弟和她一同参加了我们的座谈。笑笑一家 5 口人。大女儿已经结婚，并有一个 1 岁多的儿子；二女儿笑笑在宁夏大学国际教育学院读研究生；儿子在读高中。笑笑父亲身着便装，身材魁梧，是标准的军人形象；母亲戴头巾，是典型的埃及穆斯林女性形象。在大家互相问候之后，我们在笑笑姐姐家客厅入座，开始正式交谈。

图 23　在伊斯梅丽亚市一位高级军官的家里与其家庭成员合影

（四）访谈内容

瓦格迪： 首先请允许我给您介绍一下今天来访的各位老师。（对调研组成员逐一做了介绍。）

军官： 你们好！欢迎来到伊斯梅丽亚市！你们此次来访埃及的调研工作很重要，我表示大力支持。

马： 笑笑是我校国际教育学院的优秀学生，她的汉语水平很好。每次有外宾去国际教育学院参观访问，都是笑笑给他们做介绍。

杨： 您很有福气，两个女儿都特别优秀。我们学校所有老师都很喜欢笑笑，在外国留学生里，她是学习最好的。

军官： 我本人很喜欢中国，也喜欢汉语。所以我让女儿笑笑选择学习汉语。

杨： 您去过中国吗？是不是军人不能随便去别的国家？

军官： 是的。

杨： 那等您退休了，到中国去看看。

笑笑： 我毕业之前，我父亲就可以去。

杨： 你们军人到多少岁可以退休？

笑笑： 为了参加我的毕业典礼，我父亲可以专程过去参加。（没有直接回答什么时候退休。）

军官： 我会和她妈妈一起去。

张： 那明年我们就可以在银川见面了。

杨： 我家在北京，你们到北京的时候，我可以陪你们在北京逛逛。

军官： 很荣幸。

杨： 北京和开罗的人口差不多。

军官： 我们这里比开罗市的人口少一点，我们更喜欢伊斯梅丽亚。

杨： 这里比那边干净、整齐一点。

军官： 我们这里的人不多，所以很干净。

杨： 中国人也是，喜欢在小一点的城市居住，比较清净。银川就比北京干净，空气也好。

军官： 笑笑也跟我们说过她喜欢宁夏，感觉宁夏跟伊斯梅丽亚差不多，人不多，空气也好。她说宁夏是个回族自治区。特别是宁夏的民族特色食品深受笑笑的喜爱，我们家里的饮食也受到了笑笑的影响。（大家大笑）

杨：中国回族的部分饮食习惯与这里有不少相似之处。我们到这儿来，也觉得这儿的饭菜很好吃，跟我们那儿的口味差不多。

军官：的确是，笑笑每次回国都从宁夏带。麻辣烫的底料，虽然很辣但是很好吃。（大家大笑）

笑笑：我带的是微辣口味的麻辣烫，但是对于我的家人而言，他们则感觉特别辣。

杨：你们的毕业典礼应该是7月份吧？

笑笑：是6月份。

张：宁夏大学是6月10号左右结束。

杨：6月份宁夏比较凉快，比这里要凉快。

军官：你们这次调研的主要目的是什么？

杨：我们这次的主要目的是看望我们的学生，在亚历山大大学和苏伊士运河大学都有我们的学生，包括摩洛哥的学生，一共有70多个。我们来看一下他们的学习情况，然后他们有什么问题帮助解决一下。顺便，我们想了解一下埃及老百姓怎么生活，跟社会各个阶层的百姓交流一下。因为我们从来没有真正地去了解埃及百姓的生活，中国人对埃及很好奇，觉得埃及是一个很神秘的国家。可是来这里真正了解埃及百姓生活的中国人非常少，我们知道的一些情况都是从英文材料上得知的。英国人或者美国人写的不一定真实，所以我们想亲自来了解一下，然后在给学生上课的时候把一些真实的情况介绍给他们。

马：杨老师是中国知名的人类学专家，他从事中国很多少数民族的研究工作，取得了非常骄人的成就。他发现有关阿拉伯国家的情况大多是英美国家的学者所写的，存在一些误解和虚构的内容。作为一名专家学者，杨老师这次带团想对阿拉伯国家进行一些实地调研考察，从而了解阿拉伯社会的真实情况。

军官：如果我们两国要进行深入交流，应该从民间交流开始，彼此了解各自的文化和风俗人情，这样才能加强我们彼此的了解。我跟女儿经常谈中埃两国交流的事情，中国有很多穆斯林，有伊斯兰文化，这是我们两国建立联系的重要纽带。另外，宁夏也在发挥积极作用，跟阿拉伯国家建立联络，在文化、艺术、科技等不同领域进行合作。我也希望我们双边能够进行合作。

杨：说得非常好，其实我们也就是这么想的。您是我们认识的第一位埃及军人，以前我们从来没有接触过。在中国，军人的地位是很高的，因为大家都非常尊重军人，他们是在用生命保卫国家，所以政府有很多照顾军人的政策，比如说照顾军人的家属。另外，军人的待遇也比较好，收入比较高，埃及也是这样吗？

军官：我们这边的收入不是很高，我觉得没有中国高。但是埃及这边的军人更危险，因为他们要参与反恐活动。（他回避回答收入情况。）

杨：埃及的军队一直在跟以色列打仗，跟中国不一样，中国都60年没怎么打仗了。

军官：中国已经经历了历史上最难的时期，目前中国已经成为世界上第二个超级大国。

（张按：这是他本人对中国目前地位的理解，中国称不上世界第二个超级大国，中国只是世界第二大经济体。）

杨：中国的人均收入还不高，要比美国低得多。中国只是GDP是世界第二，但人口太多了，人均GDP还很低。中国跟周边的国家没有太大的冲突，只有一些小的冲突，现在主要是在南海问题上，周边个别国家受到美国的支持，常与中国产生冲突。

军官：美国到哪里都一样，都希望挑起事端破坏和平。

杨：美国要将一半的海军力量部署到亚太地区，而且他们的侦察机经常飞到离中国很近的地方。

军官：美国就是想破坏稳定国家的发展，凡是跟以色列交界的国家现在全部陷入战火之中。美国支持以色列就是为了让它慢慢做大，然后不断地削弱周边的阿拉伯国家。现在习近平主席提出的“一带一路”倡议就是要中国和阿拉伯国家进行切实合作，实现互利共赢。

杨：中国要突破以美国为首的南海岛链封锁，更需要通过陆路丝绸之路，加强与阿拉伯国家的战略合作，因为阿拉伯国家是中国的天然合作伙伴。

军官：两国合作必须互利共赢，中国和埃及合作不可能是埃及单方面受益，也要考虑中国的利益。如果要建立这种合作纽带，中国和埃及人民要进一步互相增进了解。

杨：中国军队跟埃及军队有什么交流吗?

军官：现在的交流很少，我现在对中国的了解大多是通过在中国求学的女儿。另外，目前两国之间的学生交流或者文化交流都还不够，这方面应该进一步加强，增进彼此的了解，这样才能创造更多的投资机会。

杨：那你下次到中国多待一段时间，到处看看。你们到中国去跟中国军人交流的时候，是穿军装吗?

瓦格迪：他不想过多谈论军队的内容，因为这方面涉及的机密性内容比较多，他希望更多推动民间交往。埃及是非洲的门户，中国在埃及的发展更多的是着眼于整个非洲，有很多中国企业进驻这里的工业区，他们的项目是免税的，中国在这边可以谋求更多的发展契机。

（马按：瓦格迪担心谈论有些问题引起少将的敏感，所以他在这里转移了话题。）

军官：昨天宁夏电视台的工作人员来拍摄伊斯梅丽亚市，在我的推荐下还采访了伊斯梅丽亚省长。我认为昨天采访人员的专业水平很高，他们向省长提出了很多尖锐的问题。比如说非洲峰会、埃中合作等问题。省长也对此做出了明确的回应，表示很重视今后的双边合作。关于埃中合作问题，我有三个设想：第一，提出合作框架，首先应该有合作实体，有合适的机构去运作；第二，这个实体不能是政府间的，因为与政府合作很繁杂，应该成立民间机构，这样才能更加务实地合作；第三，建立合适的合作机制。

张：我们大学之间的交流就是一种民间合作。

杨：我校跟国外很多大学有合作，现在已经有十几个国家了，跟中东国家合作的大学少一些，过去跟伊朗的大学合作得多一点，因为伊朗比较近。我们这次希望与苏伊士大学合作建立一个研究中心，共同开展两国间政治、经济、文化、教育等方面的研究。我们调研组已先后拜访了埃及的农民、市民、大学教授和其他职业的人士，共八九个人。这次拜访您，是特别想向我们的学生介绍一下埃及的军官情况。

笑笑：其实我爸爸在大学期间学的是管理学，他也获得了很多相关专业证书，他希望银川和伊斯梅丽亚可以结成友好城市，来实现一些共同的目标。

杨：你爸爸是多大岁数参军的？

笑笑：上大学的时候。

杨：就是大学毕业后参军，然后又学习了管理学？

笑笑：他是在军校学习了管理学专业，后来工作期间又通过进修，学习了现代管理学知识。

杨：你爸爸是20世纪80年代上的军校吧？

笑笑：我爸爸是在90年代初上的军校。

杨：你爸爸有50岁吗？

笑笑：他现在55岁。

杨：你爸爸看起来很年轻，他的外孙特别像他。

笑笑：他长得像我姐夫。（众人笑）

杨：你爸爸在部队待了三四十年了吧？

笑笑：对的。

杨：中国军队将领一般是60岁退休，埃及是多少岁退休？

笑笑：我们一样。

（梁按：这位少将一直没有直接回答我们提出的关于埃及军官的问题，可能是因为这些问题比较敏感，他不便回答。）

军官：我希望就双边合作问题提出几点建议：一是找到切实的合作项目，不要空谈；二是建立有效的合作机制。这边的条件很好，希望双方提出一些共同的合作项目。

杨：埃及的自然资源很丰富，还有很多资源没有开发。若开发的话，双方都可获利。宁夏其实也有很多企业家，我觉得他们也愿意到埃及来发展。现在主要是企业家互相不了解，彼此的交往也少。现在主要是希望双方多一点交流的机会，我们学校也是希望在这方面多做努力。有些企业家到我们学校找我们了解情况，但我们对这方面的了解也不多。埃及的军官退休后，可以去做别的事吗？

笑笑：我爸爸早就开始做其他事了。

杨：你爸爸现在看起来还很年轻，退休以后还可以做很多事。

笑笑：他现在是一家房地产公司的负责人，其实他还有一些别的想法。

杨：中国的房地产开发商很多，很多去国外发展，可以多和他们联系。

笑笑：我们的房地产公司也希望得到中国相关企业的投资，只是不知道到哪儿去找中国的投资商。

杨：你爸爸到中国去参加你的毕业典礼时，我们会帮他联系。

张：对，不仅是建筑领域，我们还可以在一些新能源及其他领域进行合作。

杨：中国的房地产商现在在世界各地进行房地产投资。

军官：大学之间的学术研究很重要，可以为双方之间的研究提供理论性的基础。但双方的研究合作需要具体的实施推动者。我建议如果两个城市结为友好城市，应该经常进行互访，充分了解对方城市后，开展相关项目合作。有了合作项目，才能促进长期发展。如果现在能找到合适的合作方和合作项目，省长肯定现在就会派我去商谈的。

张：我们建议：第一，通过这次访谈，我们会把您的这些想法向宁夏政府职能部门做汇报；第二，您可以给我们介绍一下合作的重点领域和项目吗？

军官：主要在精密性行业、渔业、太阳能利用、沙漠治理、农业、船舶维修、物流业等领域加强合作，这些都是埃及的新兴产业。特别是新运河开通以后，会带动更多相关产业的崛起。目前德国已经开始在这里考察太阳能利用领域的合作了。

杨：我儿子是中国一家节能公司的，他们公司就是做太阳能发电设备的。不知道您所说的太阳能的利用是指发电还是什么？

军官：具体我们可以后期联系。因为8月6号这边新运河开通，你们的这次来访和你们回去向宁夏回族自治区汇报这里投资情况的事情，我会汇报给伊斯梅丽亚省长。之后我们保持联系，细节的东西等以后再谈。因为随着运河的开通，我会知道更多的信息。

杨：那我们就保持联系，等运河开通后再协商相关合作事宜。

张：我是做规划的，也经常给自治区做一些规划。我现在有一个想法就是，我们能不能成立一个中埃工业园？回去之后，我们会尽快向自治区政府递交相关报告，之后建议宁夏政府的相关领导与你们省政府进一步协商洽谈。

军官：这个事情，我会向伊斯梅丽亚省长汇报的。新运河项目现在建立了新的网站，你们可以多关注网站的信息，及时进行联系对接。

张：这个网站，我们在中国能访问吗？

笑笑：目前还在建设之中，还没有完全建好。

张：那我们跟宁夏政府相关部门对接好后，可以直接跟你爸爸联系吗？

笑笑：可以的。

军官：我最近完成了一个关于在荒漠地区建立新城市的课题，我觉得你们西北地区跟这里的环境差不多，可以给你们参考一下。

杨：非常感谢！

军官：这个课题的内容是在沙漠里建造一个面积为1万费丹的居民区和工业园区。里面的居民可以在工业园区就业。

杨：您的这个想法特别好。我们回去把您的课题内容翻译出来供宁夏政府参考。

军官：好的，我先进行一些删减，之后我发邮件给你们。

（访谈结束后，我们参观了笑笑姐姐家的房间，与笑笑一家合影留念。）

（五）访谈小结

这次访谈，我们大致了解了临近退役军官的一些情况。虽然这位将军由于一些顾虑没有直接回答我们提出的相关问题，但调研组通过其他途径及文献对埃及军官有了进一步的了解和掌握。主要是：由于埃及军方掌控着埃及的绝对资源，所以埃及军方的军官也享有着绝对的权利和资源。这与我们一路见到的诸多军营和军队所控地区的现状一样，军队所掌控的产业和地区各地都有很多。埃及军官不仅管理军队，而且他们在社会上涉足很多产业贸易，同时退役军官广泛参政，并掌控一些大型国有企业，其实已经脱离单纯军人的范畴。

六　警官访谈录：社会治安及警察待遇调研

（一）访谈目的

在法尤姆省——埃及穆兄会活动相对活跃的地区，我们与当地一个地方警局的警官进行了访谈。他负责了我们从开罗到法尤姆省美利斯湖的安保工作。尤素福警官并没有对我们的访谈表现出警惕或者排斥，相反他很健谈地跟我们谈论了埃及的很多问题。尤素福认为目前西方、半岛电视台等媒体对埃及的报道是不切实际的，特别是半岛电视台对埃及的负面报道都是在教唆和煽动埃及年青一代破坏埃及的团结与稳定，同时对埃及发生的个别恐怖事件进行了夸大宣传，破坏了埃及社会稳定的形象。同时他作为埃及的旅游警察，对埃及重振旅游业极为关注，希望政府跟多个国家的旅游免签政策可以刺激恢复埃及旅游业。总体来说，尤素福警官认为埃及的安全形势，包括穆兄会的活动都在警察可控范围之内，并不如外界媒体渲染的那样紧张和复杂。

（二）访谈背景

埃及国家警察组建于1878年，现有警力50万人，法人资格为政府执法机构、民事警察范畴，隶属内务部，归内务部部长直接领导，总部位于首都开罗。20世纪早期，埃及政府内务部的掌门人称作内务主管。一战爆发后，英国宣布埃及为保护国后，部门的首脑改称“部长”。1953年，埃及共和国宣告成立，埃及“革命委员会”成员——后来成为埃及共和国总统的杰马勒·阿卜杜勒·纳赛尔担任内务部部长。目前，担任内务部部长职务的人士必须是埃及人以及拥有警察学院毕业生的背景。政府总理不能再兼任内务部部长，内务部部长也不再配发警衔，而只使用部长头衔。①

内务部在1名部长和4名副部长领导下开展工作。内务部部长负责国家警察全面工作，并主管国家安全和刑事调查事务；4名副部长分别负责公共安全、旅游、移民、交通、港口安全和犯罪调查工作；特种警察部门负责监狱管理、中央安全部队、民防、警务运输、警务通讯、交通警察及旅游和古迹保护；警员培训、警员和文员人事以及警察体育协会；总局的行政管理、财政预算、供给保障以及法律事务。在埃及的各省，负责维持公共秩序的警察队伍由总统任命的省长和警察首脑负责指挥，所有安全工作由省长和警察首脑向内务部部长负责，省长直接向部长或副部长报告相关事务。警察首脑则通过正常程序向上级汇报工作。在省的下级单位，也就是区，警务工作由区警察首脑负责。

埃及几乎所有警官都毕业于开罗警察学院，在那里完成专业学习和业务培训。开罗警察学院是一所现代化警察培训机构，配备有先进的实验室和训练设施。警方也派遣部分警员到国外培训学习。毕业生获警察学学士学位，授予中尉警衔。高级警员在该院接受政治学培训，中校警衔以上的警官要想提升必须完成此项业务学习。部分警员，特别是从事特别行动的警员，还要到埃及武装部队艾尔－萨卡军事学院接受更为严

① 李钢：《埃及国家警察》，《现代世界警察》2016年第12期。

格的训练。

埃及警察的服装同埃及武装部队陆军军人的服装很接近，布料以卡其布为主。部分警员冬季配发黑色羊毛衬衫式夹克衫和裤子，夏季配发白色棉夹克衫和裤子；警员佩戴蓝色或黑色贝雷帽。埃及的警察有很多警种，分辨他们只需根据服装的颜色：穿黑色警服的是特警部队，穿深黄色警服的是公安部队，而穿白色警服的是旅游警察，此外还有一些不穿制服的警察，即便衣警察。埃及警察警衔标志和埃及军人的军衔一致。埃及警官最高的警衔是中将，以下依次为少将、准将、上校、中校、少校、上尉、中尉和少尉，最低为少尉。警员的衔级包括上士、中士、下士和新警。

2011 年，埃及警察在民众抗议活动中声望受损，警察“暴行”被列为引发民众抗议活动的原因之一。有抗议者抱怨说，在 2011 年这场民众抗议活动中，近 1000 名示威者被警察打死。而根据政府的统计，从民众抗议活动开始，90 多个警察局（所）遭到不同程度的纵火焚烧。埃及警察现在被看作前总统穆巴拉克政权的残余物，令平民害怕，不受百姓待见。因此，警方力图在“后穆巴拉克”时期重塑其角色。埃及内务部负责人公开承诺，政府已经采取措施解决公众关注的问题，认真处置警界腐败问题。

访谈时间： 2015 年 7 月 23 日

访谈地点： 法尤姆省美利斯湖地区导游黄宝剑家中

访谈对象： 警察尤素福（简称尤）

访 谈 人： 杨圣敏（简称杨） 张前进（简称张） 梁向明 马永亮 白楠 姜克银 白雪梅 周丽娅 王晓丽 瓦格迪

阿文翻译： 马永亮（简称马）

记录整理： 魏丹

中文统稿： 张前进 梁向明 马永亮

（三）访谈情境

当天早晨8点，调研组一行10人离开开罗金字塔附近的宾馆，在埃及内政部一名便衣警察的随同下，前往埃及导游黄宝剑家所在的法尤姆省美利斯湖地区调研。法尤姆省美利斯湖景区深受欧洲人青睐。美利斯湖的阿文名为卡龙湖，为龙角之意。在法老时代，这条湖里有很多鳄鱼，当时有崇拜鳄鱼的习俗。此外，这里还有一个鲸鱼化石，已经有四千五百年的历史。

在驶离开罗市境内进入法尤姆省后，我们的中巴车前方出现了两辆警车，车上有六七名荷枪实弹的武装警察人员。两辆警车一直带领我们前往调研目的地。车上另一名导游告诉我们，法尤姆省是穆兄会活动较为活跃的地区，所以警察为保障我们的安全，一路进行护送。

九点半左右，我们到达导游家中。前面警车上下来一位警官，40岁左右，体格健硕，手持一支微型冲锋枪。他主动向我们问好，并与我们一同上楼去导游家中，其他警务人员在楼下警戒。上楼入座之后，调研组向警官及导游一家介绍了此次调研访谈的目的。警官和导游一家对我们的到来表示热烈欢迎，并主动与我们交流座谈。

图24　与法尤姆省一位警官座谈

（四）访谈内容

尤：中埃两国都是文明古国，两国政府在国际问题上有很多相同和相似的立场，两国人民友好交流日益紧密。我作为一名埃及警察，对于你们的访问和调研表示欢迎，希望你们更多地了解埃及社会。

（马按：出乎我们意料，保障我们调研安全的警察对我们的调研活动表现出积极态度。）

杨：中埃两国在很多方面有相似的地方。

尤：我作为一名警察，对中埃两国未来的友好发展也抱有信心。

杨：的确，中埃两国百姓在生活上有许多相同的习俗，特别在饮食方面非常相似，我们很喜欢这里的饭菜。

尤：在我们这边，有的人长得很像中国人。（大笑）

杨：两国政府和人民对于未来都有着美好的愿景。希望你们有机会也去中国参观考察，增进两国人民的友谊。

尤：我作为一名护送你们的警察，并不是因为这里很危险，而是作为一种欢迎你们的方式。

（马按：法尤姆市的穆兄会活动比较活跃，外国人来访有警察护送实际上是出于安全考虑，但是警察不想突出本地的安全问题。）

杨：非常感谢。

张：中埃友谊源远流长，从20世纪四五十年代开始，两国友好交往最为紧密。据苏伊士运河大学领导讲，8月6日中国习近平主席要来参加新苏伊士运河开通典礼。

（张按：8月6日，习近平主席特使、文化部部长雒树刚参加了新苏伊士运河揭幕典礼。）

尤：是的，中国是第一个响应邀请的。在塞西总统访问中国时，习主席表示埃及对中国具有非常重要的战略意义。

杨：埃及是阿拉伯国家人口最多、最具影响力的国家。埃及人力资源、旅游资源很丰富，社会经济发展前途光明。

尤：希望你们此次调研顺利。

张：我感到埃及的老百姓非常善良淳朴，在走访埃及农村时，老百姓对我们都非常热情。

尤：中国人民也是一样的，这就是两国文明的共同之处。

张：你们这里警察和军人的制服很相似，是一样的吗？

尤：警察属于军队管理，制服有些相似。埃及警察有一点不同于其他阿拉伯国家，就是埃及警察必须是本国国籍，任何外国国籍的人不能加入军队、警察的行列。但是像沙特、叙利亚就不同，他们可以让外籍人加入军队和警察队伍。

杨：您当警察多少年了？

尤：已经12年了。

杨：那您也是老警察了。您是当地人吗？家就在这里吗？

尤：我家在开罗，不在这里。如果有特殊任务，就住在这边，但基本上每天都可以回家。

杨：您有几个孩子？

尤：两个。

杨：在中国只能要一个孩子，你们的生育政策比我们宽松一些。

尤：现在也提倡只生两个孩子。塞西总统也提出了计划生育政策，如果生三个孩子要罚款的。因为超生，教育、医疗和日常生活开销方面的费用都会提高。

杨：独生子女政策也存在一些问题。20世纪80年代初开始，中国只允许生一个孩子，现在生育政策开始放宽了，可以生两个。

尤：塞西总统上次访问中国时，还专门了解了中国的生育政策，会调整埃及的生育政策。

杨：在中国，一对年轻夫妇要负担四个老人的生活。中国有的老年人没有子女赡养，只能去养老院生活。你们一般是多少岁退休？

尤：一般是60岁。但是在警察系统里，退休是根据自己的健康状况而定的。如果身体健康状况良好，可以延迟退休。

杨：你们退休以后，收入是不是会低很多？

尤：退休金还可以。我认为世界上除了印度，其他国家福利保障最好的阶层应该是法官、军队和警察。印度是警察退休保障最低的国家。

杨：中国对军人的保障也很好，警察或军官在退休后待遇也很好，大学教授退休后保障也不错。

尤：印度军队一般不给钱，但是会保障基本生活需求。

杨：印度还是人口太多了，都快接近中国人口了。埃及的交通状况怎么样？

尤：我们国家的交通事故比较多，每年超过 1 万起。

杨：在 20 世纪 90 年代，北京平均每天的交通事故会死亡 2 人，每年 700 多人。近些年好多了，但是每天都会有交通事故，全国一年因交通事故死伤人数有上万人。

尤：我做过一个研究叫交通事故恐怖主义，这个恐怖主义是指在交通事故中死亡人数远远超过恐怖袭击造成的死亡人数。2006 年，埃及每年因交通事故死亡 1 万人，现在死亡人数减少了，是因为埃及使用了许多中国的交通设备。事故多发的主要原因是天气不好，另外货车与轿车等其他车辆混合行驶也是造成事故频发的原因之一。

张：我们发现埃及很少有红绿灯，都是单行道。在中国，红绿灯特别多。这几天，我们也发现埃及的车速特别快，司机的驾驶水平好像都很高，但很少看到交通警察。埃及交警在哪里执勤？治安警察和交通警察是不是分开的？

尤：是的。新苏伊士运河开通以后，会新修 400 多公里的单行道。现在开罗也有红绿灯，司机也慢慢习惯了红绿灯管制，所以不用交警站在那里维持交通。一般交警就是走街串巷，查看哪些车是违章的，主要处理这些问题。其次，交警的第二职责就是审核颁发车牌照。

张：那和我们国家的交警职责是差不多的。我还奇怪路口怎么看不见交警呢。这里和中国不一样的是，埃及有旅游警察，我们那里没有这个警种。

尤：我认为我们国家的旅游业比中国更复杂一些。埃及古迹非常多，所以旅游部下设部门也比较多。例如沙特石油资源非常丰富，所以石油部下设 3 个部门；埃及的旅游业也是这样，来这里旅游的人很多，各国都有，很复杂。国家要保障古迹的安全，就单独设立了旅游文物警察。

杨：你是旅游警察吗？

尤：是的。

张：为什么有些旅游警察穿白色制服？

尤：这要看在埃及的哪个地区。比如南部的阿斯旺，气温非常高，所以旅游警察穿白色制服。埃及正在跟中国协商签证的问题，今年年底正在研究免签的可能性。在欧洲，埃及可能会对意大利和法国实行免签；在亚洲，埃及可能会对中国和日本实行免签。目前，埃及同周边的国家都开始实行免签了。

杨：那很好。中国的警察分成很多级别，埃及的警察是怎么分等级的呢？

尤：军衔分 12 级。

张：中国军衔制中，一杠的三颗星是上尉，三颗星可以当连长了，这里呢？

尤：这里也有。三颗星算中级军官。

杨：在中国，连长可以管一个约 100 人的部队。

尤：在这里，上尉可以。

张：中国游客每年到埃及旅游人数大约有多少？

尤：有 50 万人。如果埃及跟中国签订免签协议，以后来埃及旅游的人数每年能达到 200 万，同时埃及也会给中国游客一些优惠政策。

杨：现在很多中国人对埃及了解不多，主要是对埃及的安全形势顾虑很多，不然的话，每年来埃及旅游的中国游客能达到上千万。

尤：的确，许多人对埃及还有很多误解。你们来到这里调研，我作为安保人员是要给上面写安全报告的。埃及经常流传一些谣言，比如说，前一段时间谣传这里有三个小孩被杀了，但仔细一查，其实是叙利亚前些年发生的事。美国针对阿拉伯国家开设了一些卫星频道，对埃及进行一些不实报道，给我们国家造成了许多混乱。

杨：其实很多中国人想来看一看埃及的金字塔。但中国的记者对埃及社会的深入报道不多。许多新闻转自美国等西方媒体的报道。

尤：卡塔尔半岛电视台也是这样。有一次，我晚上下班回家打开电视，看到半岛电视台报道我管辖的地区发生了示威游行，我立刻给同事打电话询问今天是否发生了游行，结果没发生任何事件。半岛电视台常用过去的一些资料制造恐慌，传播负面新闻，或夸大其词。埃及现在与卡塔尔关系不好，其中半岛电视台的不实报道是一个重要原因。

（马按：半岛电视台对阿拉伯国家“茉莉花”革命起到推波助澜的作用，目前多个阿拉伯国家对半岛电视台采取抵制措施。）

张：这些影响确实不好。其实中国人对埃及很向往，埃及是一个文明古国，拥有七千年的历史。但因为西方等媒体的不实报道，我们总感觉埃及不稳定，经常发生恐怖事件，经常有游行示威。但今天听了你的讲述，发现目前的埃及安全形势可能与我们所听闻的有所不同。

尤：实际上，这也是让我们感到遗憾的地方。西方媒体渲染说埃及的局势不稳定，导致很多旅游胜地游客锐减。其实你去阿斯旺等地看一看，游人还是很多的。这些新闻媒体报道的并不是真正的事实。

杨：这跟中国很相似。西方一些媒体经常对中国的新疆和西藏进行不实报道，说这些地方不安全、老百姓反对政府等。其实，我在新疆和西藏做过调查，发现老百姓并不反对政府，并不像西方媒体渲染的那样。

尤：我告诉你们这样一个事件：有一名欧洲外交官对媒体宣称他在埃及受到恐怖威胁，但第二天他却在一个商业广场兴致勃勃地踢足球，这样的画面被我们拍了下来。这就是欧洲人对外界制造埃及负面影响的典型案例。

杨：我们来之前，听到西方媒体的宣传，说埃及的农村非常支持穆兄会，反对政府，不知真实情况是不是这样？

尤：埃及人民都渴望和平。穆兄会去年下台后，还利用土耳其和美国的支持，制造了一些混乱，不希望埃及稳定。其实穆兄会跟农村地区的联系并不密切，很多都是利用外部宣传制造假象。

杨：这跟中国的情况有点像。中国也有一些暴力恐怖事件，多是一些宗教极端分子与国外敌对势力相勾结煽动的，他们煽动的是最底层的人。

尤：我虽然是警察，但是我坐在这里像朋友一样和你们一起交流。我可以负责任地告诉你们，埃及警察不会镇压群众。如果你们想进一步了解实际情况，我可以通过多种渠道让你们亲眼看一看埃及的社会状况、社会环境以及警察所做的工作。现在埃及的一些混乱，主要是土耳其带领周边一些国家对埃及制造负面影响造成的。

尤：土耳其以前是奥斯曼帝国，一直有称霸世界的梦想。所以土耳其不希望埃及强大，同时也利用新疆一些不稳定因素破坏中国的稳定，这背后也有西方国家的支持。

杨：卡塔尔与埃及没有武装冲突，为什么还总给埃及制造一些不实报道呢？

尤：卡塔尔跟美国之间有内部的协定，卡塔尔是美国在中东最大的军事基地。2004 年，美国为了自己的利益，阻挠法国销售其研制的战机，不让法国将飞机卖给其他国家。最后埃及突破封锁，花了 24 亿美元购买法国战机。此外，今年 7 月 1 日，有一批伊斯兰国的恐怖分子渗透进了西奈半岛，与军方发生了交火。当时通信被切断了。第二天，半岛电视台报道说在这次交火中有几千个平民死亡。事后，军方发布声明说军队死亡人数 17 名，150 名恐怖分子被击毙。埃及军方为 17 名战士举行了葬礼。如果死亡人数与报道差距悬殊，死者家属势必不会同意。

杨：埃及是不是一般城镇犯罪率比农村高？

尤：埃及也是一样。埃及偏远的农村地区都有长老或村长，他们会维持地方安全，但不是通过法律形式，而是通过地方的部族戒律进行管理。另外，在偏远的农村地区，大家都只务农，百姓之间的利益冲突少，很少发生犯罪事件；但是城市不一样，城里的人所从事的工作不一样、阶层不一样，所以会发生一些问题，这些问题都会激发犯罪。我认为中国和埃及在社会结构、文化方面有90%的相似度。

杨：一些政客若想引发暴乱，他们会选择离城市近一些的城镇而不是偏僻的农村，是这样吧？

尤：农村的每家每户都知根知底，现在城市里住在同一栋楼的人不一定永远是邻居。

（张按：警察从另一侧面回答了城镇人口的复杂性和安全局势的不稳定性。）

杨：中国的城里会有居委会这样的组织，这里有吗？

尤：有，类似居委会但名称不一样。这里是几十户有一个组织管理，每四年选举一个负责人。

杨：政府给他们发工资吗？

尤：这是民间机构，民众自行选举的。比如：一栋楼里面发生缺水断电等事情，楼长负责和政府沟通解决。

张：那村长是政府任命的吗？

尤：村长虽然是政府任命的，但首先是由村民选举出来的。如果有两三个人竞选，那就先内部竞选。

张：管理楼的这个组织，谁来管理呢？

尤：这个一般是民间自发管理，但是在周边会有警察局。这个组织只负责管理民众日常事务。

杨：欢迎你到中国访问。

尤：我也很高兴和你们聊天，我一直都希望有机会这样和中国人坐下来交流，今天如愿以偿了。

张：谢谢您今天与我们在一起推心置腹地交流。

（五）访谈小结

受访的警官负责埃及穆兄会行动比较频繁的法尤姆地区。在交谈过程中，警官一再强调法尤姆地区的安全局势良好、穆兄会在该地区影响力微弱、国外媒体对埃及安全形势的曲解等问题。但是通过我们对该地区的走访来看，其安全保卫形势的确比埃及其他省份严峻。警察的武装配备、哨岗的严密都佐证了这一点。另外，很多埃及人告诉我们本地区是穆兄会的活动地区。总体来说，这位警官的访谈内容代表了埃及军队的官方立场，背后的安全问题应该更为复杂。

从穆巴拉克倒台到埃及穆兄会下台，警察在稳定埃及局势方面发挥了重要作用。同时，警察与百姓之间也产生了一些对立和矛盾。埃及百姓总是对警察充满抱怨和不满，其中一方面的原因是警察队伍的素质参差不齐，反而百姓对军队的表现有口皆碑。虽然埃及警察隶属于内政部，但实际上跟军队系统有着千丝万缕的联系，在维护社会稳定和治安方面发挥着重要作用。

七　导游访谈录：自由职业者家庭状况调研

（一）访谈目的

伊哈布，中文名黄宝剑，大学在开罗的孔子学院学习了三年的中文后，加入了中文导游的行列。在我们进行埃及调研阶段，黄宝剑全程陪同，甚至还给我们做了一些调研访谈的翻译工作。在调研最后一日，他邀请我们去法尤姆省美利斯湖边他的老家做客。通过此次访谈，黄宝剑给我们介绍了他的家庭状况。作为埃及有较高收入群体的一员，目前他对自己的经济状况比较满意。

（二）访谈背景

2011 年以前，埃及的旅游业收入几乎每年都以两位数的速度增长。据埃及旅游部门统计，2008 年到访的外国游客为 1230 万人次，旅游收入为 108 亿美元，占中东旅游市场 23% 的份额；在全世界旅游业市场，埃及占据世界旅游市场份额的1.2%，旅游收入占世界旅游总收入的1%，在世界旅游国家的排名中列第24位。埃及对世界旅游业收入增长的贡献率为3.5%。埃及旅游业从业人员高达250万人。旅游业曾是埃及第一大创汇来源，大大高于其他几个外汇收入来源（石油出口收入、苏伊士运河通行费收入和海外劳工汇款）。

埃及的导游市场人才充裕，且埃及人的语言能力较强，外语导游人才并不缺乏。近年因为中国游客增多，中文导游一度紧缺，但随着埃及多所大学中文系的建立，埃及旅游市场上中文导游紧缺的状况已开始有所缓解。进入互联网时代以来，埃及的旅游部门和旅游景点及饭店为了方便游客获得相关信息，都开设了英、法、德、俄、葡、意、西、希等八种语言的网站。

但受近些年“阿拉伯之春”革命的影响，埃及政府权力更迭频繁，安全局势恶化，对旅游业造成重创，埃及经济严重倒退。很多导游失业，虽然埃及新政府不遗余力地恢复旅游业，但是西奈半岛的恐怖袭击事件和俄罗斯坠机事件使埃及旅游业雪上加霜。

访谈时间： 2015年7月23日上午11：00

访谈地点： 埃及法尤姆省美利斯湖边

访谈对象： 黄宝剑（简称黄）

访 谈 人： 张前进（简称张） 马永亮（简称马）

记录整理： 王婧

中文统稿： 梁向明 张前进 马永亮

（三）访谈情境

2015年7月23日上午11点，在经过两个小时的车程之后，我们一行9人在导游黄宝剑的带领下来到其位于法尤姆省美利斯湖边的家中。美利斯湖是埃及著名的咸水湖，也是埃及著名的旅游景点，著名的阿门内姆哈特迷宫正是位于此地。该地区有很多度假庄园，但由于埃及政权更迭和经济不景气，大多处于停业状态。黄宝剑的家位于美利斯湖南边，是栋四层小楼，外部还未装修完毕。入座后，黄宝剑向我们引见了他的父亲和哥哥一家，开始了以下访谈。

图 25　在法尤姆省一导游家中访谈

（四）访谈内容

张：这是你们老家？

黄：是的。

张：你们家这栋楼面积有多大？

黄：我们这栋楼分两部分，东边是我爸爸的，西边是我叔叔的。这个房子的地皮是我爷爷的，后来分给了我父亲、叔叔和姑姑们。我爸爸的这栋楼有 4 层：第一层我姑姑住，第二层是我大哥的，第三层是我二哥的，第四层是我的。

张：这一层楼房有多大面积？

黄：120 平方米左右。

张：这栋楼总共有多大面积？

黄：每一层都差不多一样大，共 480 平方米左右。

张：你们这栋楼是什么时候盖的？

黄：2007 年盖的。

张：这 4 层是一次性盖的吗？

黄：不是。我们 2007 年将旧房子拆了盖了两层。

张：那后面两层是什么时候盖的？

黄：分别是 2010 年和 2012 年盖起来的。

张：你还没结婚就把房子盖好了？

黄：一般有钱的话，就可以提前盖，因为建材会涨价，提前盖成本低，而且结婚的时候不用太着急。房子盖好了之后，可以慢慢装修，比如说，盖起来可以提前抹灰、拉电线。

张：你们农村盖房是不是跟城市一样，房子盖好了也要上税？

黄：农村有很多人喜欢在自己的土地上盖房，我们这里跟开罗的公寓楼不同，城里的公寓楼里面邻里之间大多不熟悉，外部装修也很难统一起来。但是我们的整个房产都是私有的，等我叔叔在对面的房子盖好之后，我们将对整个楼房外面进行整体装修。

张：你们整栋楼共花了多少钱？

黄：2007 年我刚刚高三毕业，不太清楚。

张：那现在村民要盖这么大的房子得需要多少钱？得 10 万埃镑吧！

黄：这个要看是第几层了，因为第一层的地基会很牢固，一直到地下，花钱比较多。

张：那你们盖房的时候借钱了没有？

黄：没有借钱，都是自己的钱。我们这里不喜欢从银行借贷，因为这也不符合伊斯兰教规。

马：高利贷或者高利息在伊斯兰教中是非法的。

黄：是的。

张：你能详细介绍一下伊斯兰教的利息问题吗？

黄：无论在银行存钱还是从银行贷款，都是违背伊斯兰教律的，因为都有固定的利息，但是在国家法律中是合法的。（马按：伊斯兰教的《古兰经》有数节经文严厉禁止放高利贷。例如《古兰经》第30章第39节经文说："你们为吃利而放的债，欲在他人的财产中增加的，在真主那里，不会增加；你们所施的财物，欲得真主的喜悦的，必得加倍的报酬。"）

张：那你的意思是你要贷款，就有利息，这个就行不通。

黄：对，比如说我贷款的利息是6%，这个在法律上没问题，但是在教法上就不行，教法严禁吃利息。比如说，我在银行存了1万埃镑，如果利率是固定的，那就不行，我们国家的伊斯兰银行存款，一般可以选择两种，一种是能够带来收益的，也可认为是"分红"。另一种是银行只存款不付利息。

张：那你们如果急用钱的话，就去伊斯兰银行贷款吗？

黄：这个我不太清楚，但是我自己的钱存在伊斯兰银行。

张：你做导游工作几年了？

黄：四年。

张：做导游之前在哪里学习？

黄：我是在大四的时候开始学中文的。

张：上的是哪所大学？

黄：法尤姆大学，离这里1小时左右。

张：学习汉语言？

黄：是，我在大学的专业是古埃及历史，在大四的时候开始学习中文。

张：那你上完大学就做导游，工作了四年。今年你多大了？

黄：25岁。

张：是不是导游的工资收入比其他的行业要多一点啊？

黄：这个也不能这么说，我没有稳定的收入，如果我带团就有工资，不带团就没有工资。

张：我听说你们一年只工作几个月？

黄：我们当导游，一般冬天的团比较多，冬天的游客比较多。夏天比较少，就像现在。

张：我听你说你有两份工作，冬天的时候大部分时间做导游，其他时间都在一家中国公司工作。

黄：是的，在一家中国办公家具公司工作。

张：一边干导游，一边在家具公司上班，你的中国老板同意吗？

黄：当然不同意，老板不知道我做导游。（笑）

张：那你跟他签约的时候，是每天都上班还是只上几个月？

黄：每天上班，但是我在公司里面职位比较高，我之前负责行政工作，现在负责管理厂房，但是这个厂房还没有盖好。像现在我带团的时候，电话就可以安排工作。

张：那你就把那边的工作安排给别人做，你在这边做导游的工作。

黄：对，就像建筑公司要采购水泥、沙子等工作，我都安排给他们了。

张：那你的中国公司在哪里？

黄：在开罗的南边，离这里两个半小时。

张：那你每天可以直接用网络和电话安排工作。

黄：是的，没有问题，除非有事必须我亲自到那边解决。

张：你所在的这个中国公司现在有多少人？

黄：那个厂房还没有建好，所以现在人不多。除了建筑公司的工人，没有什么职工，只有一个中国员工归我管。

张：这个公司给你多少工资？

黄：没有固定工资。具体情况是这样，如果我去那边上班我就有工资，如果不去的话，我就没有工资。现在虽然我会给他们安排工作，但是我没有工资。现在的导游工作也没有稳定的工资。

马：就是没有基本工资。

黄：如果我一个月没有带团，就整月都没有工资。导游这个职业在很多国家都是这样的。

（因警察要护送调研组回驻地，与黄宝剑的谈话就此结束。）

（五）访谈小结

埃及法律规定导游必须是埃及本国人，所以在埃及的中文导游收入较高。但是随着“阿拉伯之春”运动的发生和埃及政府权力的更迭，动荡的局势对埃及的旅游业造成了巨大的冲击。黄宝剑是目前埃及学习中文的导游群体的一个缩影。在目前旅游业萧条时期，在埃及很难谋求到一个稳定的高收入工作，很多人在寻求不同的就业机会让自己的收入最大化，所以导游也在淡季寻求着其他的工作。总体来说，黄宝剑在埃及青年中算发展较好的，银行有存款，工资收入较高，有自己的独立住所。这也从侧面反映出埃及各行业对职工的收入及福利无法给予全面保障，无论是公务员还是公司职员，都在寻求更多收益。

八　穆兄会成员访谈录：穆兄会现状调研

（一）访谈目的

这是对埃及穆兄会一位中层领导的访谈，他是埃及阿拉伯国家出版社最大的民间协会机构——阿拉伯出版商协会[①]的主席。访谈的最初目的是想了解埃及社会城市中上阶层的基本情况，但由于我们的主要访谈对象既是连任两届的阿拉伯出版商协会主席，也是埃及穆兄会重要的成员之一，因此借此难得的机会，调研组将访谈目的集中在了解埃及穆兄会基本情况，与访谈对象进行了较深入的探讨。

与阿拉伯出版商协会代表落座之后，在座的阿方代表从不同立场和角度与我们就穆兄会问题做了较为深入的探讨。值得一提的是，参与座

① 阿拉伯出版商协会（اتحاد الناشرين العرب Arab Publishers Association，简称 A. P. A），于 1995 年 4 月成立于黎巴嫩贝鲁特，是一个阿拉伯地区非营利性的专业组织机构，是在阿拉伯国家和国际范围内代表阿拉伯国际出版商的正式机构。阿拉伯出版商协会由阿拉伯国家的出版机构组成，协会具体工作通过贝鲁特秘书处专业委员会执行，总部设于埃及开罗。

谈的阿西姆·沙勒比先生既是阿拉伯出版商协会主席，也是穆兄会重要的成员之一。他本人多次访问中国，参加中阿图书文化交流活动，与中国特别是宁夏回族自治区缔结了深厚的友谊。这也是我们在这样一个特殊敏感时期能够顺利进行关于穆兄会问题座谈的主要原因。此次座谈中，既有前穆兄会的高层人物，也有非穆兄会的高校科研专家。大家对于穆兄会问题的立场较为公允，客观评价了穆兄会在目前埃及社会的地位和现状。

（二）访谈背景

穆兄会是穆斯林兄弟会的简称，由哈桑·巴纳于1928年创立于埃及伊斯梅丽亚，初名“班纳运动”，后更名为“穆斯林兄弟会”，1929年正式成立，是一个以伊斯兰逊尼派传统为主而形成的宗教与政治团体。他们的目标在于让《古兰经》与圣训成为伊斯兰家庭与国家最主要的核心价值。1933年，穆兄会在开罗设立总部，在50个地区建立了分支机构，在叙利亚、苏丹、约旦、巴勒斯坦等地都有支部、学校、清真寺和商业公司。该组织以训导局为最高领导机构，其成员在埃及已达50万之多，遍布社会各个阶层。该组织影响力及至中东乃至全球穆斯林社会，是近代历史悠久、规模庞大、组织严密的世界性伊斯兰政治集团。

2011年初，随着声势浩大的“阿拉伯之春”运动蔓延，埃及前总统穆巴拉克迫于国内动乱的压力而下台，埃及随后开始着手和组织新任总统选举。2012年6月24日，总统选举委员会宣布：穆兄会下属的埃及自由与正义党主席穆尔西赢得穆巴拉克下台后的首次埃及民主总统大选，成为埃及首位非军人总统。带着浓重宗教色彩的穆兄会第一次击败了埃及世俗政权，登上了埃及权力的宝座。2013年7月3日，穆尔西在大规模的抗议活动爆发后，被埃及军方废黜，穆兄会多数领导人因被指控煽动暴力而被捕。2013年12月，埃及军方支持的开罗政府把穆兄会列为恐怖组织。2014年8月10日，埃及宣布解散穆兄会下属政党，终判不可上诉。

访谈时间： 2015年7月24日下午2：00

访谈地点： 阿拉伯出版商协会开罗老城区办公室

访谈对象： 阿西姆·沙勒比（简称阿），阿拉伯出版商协会主席，埃及大学出版社、沃法出版社及瓦迪研究所创办人和财产所有人，前埃及穆兄会中层领导；艾哈迈德·塔哈维（简称塔），亚历山大大学人文学院政治经济学教授，兼任瓦迪研究所亚历山大区域负责人；赛义德·欧麦尔，埃及大学出版社总经理，瓦迪研究所法人。

访 谈 人： 杨圣敏（简称杨） 张前进（简称张）
马永亮（简称马） 白楠 姜克银 白雪梅
艾哈迈德·赛义德（中文名白鑫，简称白）

阿文翻译： 马永亮 艾哈迈德·扎里夫（上海师范大学对外汉语专业博士研究生）

记录整理： 马永亮

中文统稿： 张前进 马永亮

（三）访谈情境

2015年7月24日下午2点，在艾哈迈德·赛义德（中文名白鑫，埃及人，宁夏回族自治区特聘专家、宁夏大学民族学在读博士）的引荐和带领下，调研组一行9人来到位于开罗老城区的阿拉伯出版商协会总部。该协会总部在一栋具有欧式特色的老建筑楼的3层，有5间办公室和1间会议室。当我们进入会议室时，意外地看到宁夏卫视的一个摄制团队正在对阿西姆·沙勒比主席做专访，为宁夏2015年9月举行的中阿博览会制作专题节目。阿西姆·沙勒比先生50来岁，中等身材，有些秃顶，为人干练。为了开好此次座谈会，他特意邀请了亚历山大大学人文学院政治经济学教授艾哈迈德·塔哈维和埃及大学出版社总经理赛义德·欧麦尔先生。他本人也有一个愿望，就是进一步加强与中国相关科研机构的学术合作，为中埃两国文化交流做出更多努力。

从2011年开始，阿西姆·沙勒比先生就率领阿拉伯国家出版商参加宁夏中阿经贸论坛活动，其间与宁夏黄河出版传媒集团共同举办了“世界穆斯林出版商大会”。2013年和2015年中阿博览会期间，他们与宁夏黄河出版传媒集团共同举办了两届“中阿出版合作论坛”。与此同时，2011年以来，他每年还率团参加北京图博会期间举办的中阿图书出版交流活动，为中阿图书版权贸易交流做出了重大贡献。

图26　与前阿拉伯出版商协会主席等人座谈

（四）访谈内容

白：首先我们先彼此做一下介绍吧，请中方代表团先开始（调研组一一做了介绍）。（马按：白鑫近些年一直做中阿图书版权贸易的业务，同阿拉伯出版商协会建立了非常好的合作关系，同时他对宁夏以及宁夏大学比较了解，为开好此次座谈会发挥了重要的沟通作用。）

白：下面我给大家介绍一下阿方代表：这位是阿拉伯出版商协会主席阿西姆·沙勒比。阿拉伯出版商协会隶属于阿拉伯国家联盟，阿西姆先生将于2015年9月1日率团参加宁夏中阿博览会期间召开的中阿出版合作论坛，他在中国是受到埃及部长级待遇接待。此前他曾担任埃及出版商协会主席，目前他有2家出版社，分别是埃及大学出版社（专注于大学教科书、学术出版物的出版）和沃法出版社（是埃及特别知名的一家专注于宗教知识读物的出版社）；另外还有最新成立的瓦迪研究所，是一家私立研究机构，聘请了阿拉伯国家高校的80多名专家学者，主要开展中阿政治、经济、文化等领域的科研合作研究。这位是亚历山大大学人文学院政治经济学教授艾哈迈德·塔哈维，兼任瓦迪研究所亚历山大区域主任。这位是赛义德·欧麦尔，埃及大学出版社总经理和瓦迪研究所法人。这位是艾哈迈德·扎里夫，上海师范大学对外汉语专业博士研究生。我补充一句，阿西姆·沙勒比是埃及穆兄会的一位有影响力的领导，你们有什么问题可以随便问，他曾是穆尔西最好的朋友（笑）。

杨：很荣幸认识各位并与各位座谈。请问埃及的出版社是国营的还是私营的？

阿：首先我欢迎你们的到来！埃及国营出版社大约有10家，其余750家都是私营出版社。

杨：那您经营的出版社也都是私营的？

阿：是的，我个人经营的2家出版社——埃及大学出版社和沃法出版社都是私营的。

杨：那刚刚说的瓦迪研究中心呢？

阿：瓦迪研究中心也是私营的。我先简要介绍一下我同中国近些年的图书版权合作情况。目前，埃及出版社的图书出版数量占阿拉伯世界的50%。我自己在做一些项目来促进中埃乃至中国与阿拉伯世界的文化交流。2011年以来，我每年都会去中国，因为我们认为中国和阿拉伯世界的文化体系相似。我认为2011年以来中阿图书文化交流合作所取得的成就超过过去60多年的合作总量。把阿拉伯文化传播到中国，将中国文化传播到阿拉伯国家，是我们两国和两国人民的共同使命，而不应该仅仅限于商业往来。我的 2 家出版社近三年来出版了 25～30 本中阿文译作，其中最著名的是《中国伊斯兰教百科全书》，另外还将中国回族作家的 10 部小说作品翻译成了阿拉伯语。此外，我们还出版了不同版本的中阿字典。现在摆在大家眼前的就是阿文版的《中国伊斯兰教百科全书》，原版是由四川辞书出版社出版的。参与这部百科全书翻译工作的有白鑫、宁夏大学的马占明老师和马永亮老师、上海师范大学在读博士艾哈迈德·扎里夫以及埃及高校的 8 名教授。目前，我们还成立了瓦迪研究中心，主要目的是促进中国和阿拉伯国家的学术交往，特别是开展科研项目合作。这个中心成立两年来，已经针对中阿出版领域开展了一些研究工作，如最近为中国新闻出版广电总局所做的“关于中国图书在埃及图书市场占有情况”的调查。我希望十年后瓦迪研究中心的研究领域更加宽广。我认为我担任阿拉伯出版商协会主席期间最大的成就，就是让阿拉伯国家的出版社对中国全面开放，其间联合完成了大量的中阿优秀典籍互译项目，还有一些互译出版项目仍在进行当中。另外，我看到中国云南教育厅厅长所著的《为变革而生》阿文版在埃及也销售得很好。

杨：我们都是宁夏大学中国阿拉伯研究院的老师，主要搞学术研究，发表学术论文及撰写学术著作。我们此行的主要目的是了解阿拉伯国家社会和文化领域的现状，并希望将阿拉伯国家真实情况介绍给中国社会。中国现在也有很多出版社希望将中国著名专家学者的优秀学术作品翻译成外文并在国外出版，比如我个人所著的介绍中国少数民族历史的书，荷兰一家成立于 16 世纪的出版社正在翻译出版，另外意大利、韩国的一些出版社也愿意出版这本著作。我们可以给你们推介中国优秀图书，我们也希望中国的经济社会发展情况能够更多地在阿拉伯国家特别是在埃及得到推介。

阿：我很高兴您能给我推荐相关的图书，在埃及推广中国文化也是我的工作重点。

杨：我本人从事社会科学研究 30 多年了，对中国社会科学领域的作者、作品了解得比较多，知道哪些是比较权威的、有较高学术价值的。为此，我们可以就相关领域提供一些信息。

阿：我们瓦迪研究中心主要研究中国不同的领域，比如社会、政治、经济、传媒等。政治领域的研究很重要，但是我们认为对社会的研究也非常重要。

杨：我们此行的目的首先是来看望我们在埃及访学的学生，另外就是想通过访谈的形式对埃及社会不同阶层进行一些实地调查，因为中国很多介绍埃及的文章大都来自欧美国家的文献和资料，有些介绍并不一定准确，观点不一定客观。特别是关于穆兄会，我们听说您是穆兄会的成员，我们也听相关媒体报道说穆兄会都被镇压了，开罗不可能有穆兄会成员活动，但看到您还可以正常生活和活动。所以刚刚介绍您是穆兄会成员的时候我很吃惊，我也想借此问一下，穆兄会真的在开罗还能活动吗？

阿：在工作方面，特别是在出版领域，我们的工作理念是独立的，虽然我本人是穆兄会成员，但不会把穆兄会的思想带到工作中来。在这个瓦迪研究中心，包括了所有国别、派别的研究，可以说这个研究中心有穆兄会的思想，但它只是其中的一小部分，更多的是包容和研究多种思想。下面，我左边的艾哈迈德博士会进一步介绍瓦迪研究中心的基本情况。需要说明的是，艾哈迈德博士不是穆兄会成员，也不是穆兄会的支持者。（马按：阿西姆先生没有正面回答这个问题，是因为穆兄会可能已被埃及军政府解散，其活动有可能转为地下。）

白：我补充一点，可能会更好地了解穆兄会的情况。在工作方面，阿西姆先生是极为专业的，他并不代表穆兄会。在去年埃及形势最不稳定的时候，他仍被阿拉伯国家170多家出版社选举为阿拉伯出版商协会主席。大家都知道他是穆兄会成员，而且很多出版商中有大量支持军方或者其他党派者，甚至也有厌恶穆兄会者，但因为阿西姆先生出色的敬业态度，最终还是选举他成为阿拉伯出版商协会主席。

杨：中国研究人员直接来埃及做调查或者新闻媒体来这里进行直接

采访的很少，大部分信息是从西方国家得来的。关于埃及政党目前状况的宣传有两种：一种是西方的观点，即穆兄会号召推翻军政府，然后被镇压了，被称为一个非法组织；另一种是一些中国专家的观点，即埃及各党派虽然政见不同，穆兄会和军方各有自己的政治观点，但毕竟都是埃及人，大家仍然可以坐在一起进行协商。我想是否后一种情况比较接近真实，也是埃及社会希望的一种现实。

阿： 穆兄会曾经是埃及最强大的政治派别，但是后面发生了政权更迭。我认为目前是穆兄会最困难的时期，特别是在军政府上台以后。但穆兄会的思想代表的是一种世界性的理念，不是一个地方性的观点。穆兄会的思想中正，并不偏激，但是政府排斥这种理念。我个人既不排斥军政府，也不会脱离穆兄会。我采取中正立场，希望有一天能推动双方达成和解。我希望能等到这一天。（马按：阿西姆先生作为前穆兄会的一名重要成员，之所以没有被捕，可能是因为他的立场比较中正，也可能是因为他是军方和穆兄会对话的一个中间人。）

杨： 我很佩服您的这一想法，看来穆兄会的实际情况并不像一些媒体及文章所说的那样，穆兄会和其他派别都是敌对的。特别是我们看到，像您这样的穆兄会领导人可以和其他派别的人士交朋友，并与他们一起合作，共同推进中阿图书文化交流。

白： 阿拉伯国家对中国也有类似的误解，比如说中国的新疆问题，一些阿拉伯国家媒体曾报道：中国新疆某个地方不让穆斯林封斋，这一消息通过 Facebook 等社交网络平台，传播到阿拉伯国家网民那里，就成了中国政府不让所有穆斯林封斋。同时，在中国也会听到埃及军政府每天都在追杀穆兄会成员这样的消息。其实，我们两国老百姓都被一些不实的新闻媒体所误导，原本很小的新闻都会被无限扩大化。我认为一个重要的原因是中埃双方的交流不够，体现在双边的语言人才没有发挥沟通桥梁的作用。

张： 有媒体称埃及政府已经把穆兄会定义为恐怖组织，这是不是谣传？

塔： 目前埃及政府拒绝承认穆兄会的合法地位，特别是欧美国家已经将穆兄会定性为恐怖组织。借此我想表达一下瓦迪研究中心的立场，研究中心奉行三个原则：科学、独立、客观，研究中心不会倾向于某一种思想或某一个政治派别，而是按照科学的研究方法进行研究。研究中心的一项重要任务是弄清楚埃及的社会到底发生了什么？因为从2011年至今，埃及社会已经分裂为几个派别，出现这些分化的原因是什么？埃及社会应该怎么发展？“1·25”革命后，埃及社会出现了明显的分裂。我们的学者深深意识到自己肩上所承担的责任，探索社会和谐发展的途径是埃及学者面临的一个重要课题，也就是要探索什么样的道路是符合埃及社会发展的道路。2011年的“1·25”革命到底给埃及带来什么？（马按：塔哈维博士是瓦迪研究中心驻亚历山大地区负责人，他显然不希望该研究中心因为阿西姆先生的穆兄会身份被贴上政治标签。）

杨： 前面各位讲得特别好。我们也很关心埃及的形势，因为埃及是阿拉伯地区最为重要的国家，对世界有很大的影响。我们希望了解为什么埃及社会会分成几个不同的政治派别，埃及社会未来将朝什么方向发展。

塔： 其实现在很多人对“1·25”革命非常惊讶。无论是平民还是专家学者，无论是埃及国内还是国外，都没有预见到这种情况的发生。我们现在正在研究埃及如何走向一个稳定的社会，各政治派别之间怎样才能不相互排斥，如何包容多元文化。埃及社会既有穆兄会，又有自由主义、世俗主义等。现在重要的是要深入地研究埃及的社会发展趋势，在此基础上探索出一条治国之道，让每个人能够发挥自己的作用，表明自己的思想。

杨： 我有个问题，不知道你们是否愿意回答，但我十分想了解，埃及穆兄会和埃及现在的政府以及其他派别在治国理念上主要有哪些分歧？

阿： 这个问题和埃及历史有关。从穆兄会建立开始，埃及的政治派别慢慢开始多元化。现在埃及是共和国，63年前，也就是1952年以前是一个王国。埃及从王国变成共和国，有人说是军事政变，也有人说是一次革命，但这次革命后，埃及政权实际上由军队掌控，所以很多埃及人认为军队是国家的守护神，他们应该在国家政权中享有特殊的地位。但在“1·25”革命后，埃及一些人的思想开始发生变化，呼吁降低军队的地位，认为军队不应该干涉政治，不应该有这么大的权力，它的主要职责是保护国家安全和人民财产。现在的冲突并不仅仅是穆兄会与政府及国家制度之间的冲突，而是代表了所有反对派与军政府之间的冲突。很多人认为这是穆兄会和军政府之间的冲突，实际上穆兄会只不过代表了埃及最大的一个反对党。因此，如果认为这仅仅是穆兄会和军队之间的冲突，实际上是一种错误的观点。

塔：我觉得埃及革命的发生，有三个价值观起了很大的作用。一是独立。很多人认为埃及并不独立，而是跟随美国的政策走。二是自由主义和民主主义。三是实现社会公平。目前，埃及大部分财产集中在少数人手里，所以应该合理分配财产。如果穆兄会能够做到这三点，很多人会支持穆兄会；如果穆兄会做不到这一点，自然会失去人民的支持。

阿：我想补充几句。在穆尔西执政的一年当中，我们看到一些明显的变化，比如或多或少地在一定程度上实现了自由和平等，虽然没有完全实现，但是可以看到明显的变化。当时，在埃及可以自由地发表自己的观点，不同派别也有媒体渠道可以发表各自的观点。尽管有些观点比较极端，但是政府会允许类似的言论存在。在这一方面，穆兄会做得很好。但是不可否认，也有很多人认为穆兄会做得不够好，短期内没有达到百姓的期望。在穆尔西执政期间，我在很多民间的机构工作，当时我的确感受到了自由的社会氛围。

杨：听了几位讲的，我感觉埃及知识界，特别是知识界精英，比如你们的头脑是非常清楚冷静的。

阿：问题是现在很多知识分子没有独立的思想，只是一味地去迎合政府的想法。

杨：前面谈到一个重要问题，就是社会公平的话题，财富集中在少数人手中。埃及的财富是不是主要集中在军人手里?

塔:从我们的交流中,我意识到一个问题,就是中国人特别渴望了解埃及,埃及也是如此,这证明以前的交流太少。这次是一个很好的开端,可以从现在开始促进我们的交流。埃及社会是个多元化的社会,有穆斯林、基督徒,也有穆兄会这样的伊斯兰教政治派别,也有自由主义和世俗主义团体。我认为多元化的派别可以在社会中和睦共处,但是需要有统一的管理。目前,导致派别冲突的原因在于腐败,使得社会财富主要集中在少数人手中。其中,埃及的高级公务员及军队占有很大的权力,会利用腐败去保护他们的利益。这就使得少数人强迫整个社会去服从他们的利益,所以肯定会有某些团体或政治派别反对这样的趋势,整个社会也必然会反抗,从而引发冲突。如果有统一健全的管理机制,埃及肯定会走向和平。

白:阿西姆先生9月份会去宁夏参加中阿博览会,穆兄会等问题我们以后可以找时间深入交流。我们可以探讨中阿人文合作方面的问题。

张:主席先生和在座的各位学者,对于今天富有成效的交流,我们可以形成一个座谈纪要,在宁夏中阿博览会期间举行的中阿校长论坛和中阿学者研讨会上签订相关合作协议。双方以后是否可以考虑联合成立一个中埃研究中心,共同开展相关领域的务实合作和研究。宁夏是中国向阿开放的高地,特别需要中埃相关学者献计献策。听说今年8月6日,中国相关部门领导也会出席新苏伊士运河揭幕仪式,埃及总统塞西也将于9月3日访问中国。这必将为两国深化政治、经济、文化领域合作带来更多的机遇。通过这段时间的实地调研,我们感受到了埃及老百姓的淳朴、善良和热情。从这个角度上来说,我们对一个国家社会的了解首先要从基层做起,这样才能真正了解这个国家的基本国情。在此我提一个建议,我们两个研究中心可先期进行一些合作,如希望你们研究中心的学者去宁夏城镇、农村进行实地调研,进一步了解宁夏在中国向西开放战略中发生的变化。在此,我们向主席和在座的各位学者发出邀请,参加宁夏中阿博览会期间举办的中阿大学校长论坛和中阿学者研讨会。

阿：非常感谢你们的邀请。今年准备在银川成立阿拉伯出版商协会驻中国办事处，9 月 2 日将在银川揭幕，届时我会派两名专家参加研讨会。

张：这样太好了。在中阿大学校长论坛和中阿学者研讨会中，有很多埃方的专家学者，也有中方一些著名的专家学者共同开展学术研讨活动。我们希望以此为契机，加强两个研究中心的务实合作，共建一个学者交流的平台。这样我们到了开罗有一个“家”，你们到了宁夏也有一个“家”，我们共同推动中埃学术交流和合作。

阿：在埃及，你们也会拥有很多“家”，如开罗，如亚历山大……

张：将来我们的朋友会更多，到哪里都是串亲戚。

（由于电视台要对阿西姆先生、杨圣敏教授、张前进书记做电视采访，本次的会谈就此结束。）

（五）访谈小结

在前期的访谈中，我们一直希望听到民间对穆兄会的一些看法和评价，但是在所有访谈中，我们明显感到穆兄会仍是埃及社会中的“敏感词”，受访者听到这个词的时候大多避而不谈。但本次能与穆兄会中层领导进行面对面座谈，是我们未能预料到的，也使我们对穆兄会在埃及的现状有了一个全新认知。从本次访谈中可以得出以下结论。

一是穆兄会被埃及军政府定性为恐怖组织，因此总体社会对穆兄会的态度也是排斥的，很多人在谈起穆兄会时，总体支持当前政府的做法。

二是穆兄会在埃及社会并非没有生存空间，特别是一些温和的穆兄会知识分子成员仍然在发挥着一定的作用。加上国外穆兄会势力尚存，穆兄会势力并未完全覆灭。另外，埃及一些穆斯林群众虽然在社会大环境中不会明确表达对穆兄会的态度，但对伊斯兰情感较深的、抵触军政府的群体，仍然对穆兄会抱有好感甚至是支持的态度。

三是穆兄会被当前军政府全面打压，也表明埃及社会正朝着“世俗化”进程发展，而且在短期内各政治派别很难达成共识，很难建立一个各方都满意的民主政治制度，军政府掌控埃及仍然是未来发展的趋势。

九 教授访谈录：教师现状和管理制度调研

（一）访谈目的

这是对苏伊士运河大学一位教授的采访。谢里夫教授在苏伊士运河大学已经工作20多年。他本科以优异的成绩毕业于苏伊士运河大学，后留校工作，工作期间边工边读，完成了硕士和博士学业，目前是苏伊士运河大学医学院解剖系教授。他的妻子玛丽也是医药学专业毕业，目前赋闲在家。谢里夫的家人大多从事教育工作，属于埃及中上阶层。从谢里夫本人的收入情况和家庭居住条件来看，其生活属于中上等水平。另外，医学专业目前是埃及较为热门的专业，收入和就业率都属埃及前列。埃及大学的职称结构和工资水平总体来说跟中国相近，大学教师在埃及社会也是备受尊敬的职业。但是近年来随着埃及政局的动荡，高校教师收入也受到一定的影响。

（二）背景资料

埃及的高等教育机构主要包括大学和高等学院。高教部下设大学最高委员会，由政府官员和各大学校长组成，负责大学总的规划和教育计划，协调各方关系。埃及现有大学13所，其中11所直属高教部和大学最高委员会领导。埃及把教育视为国家安全事业，重视教育的持续发展，大力推行新教育政策，20世纪80年代初就进入了高教大众化阶段。埃及教育经费由教育部直接管理，下拨到各省市教育行政部门和所有学校。随着新教育政策的推行，埃及越来越多的人认为，教育是一种投资而不是服务。教育投资应来自多方面，除政府外，私营企业、实业家等都应参与发展教育。但是埃及各大学，特别是公立大学也面临着诸多问题，比如教学设施陈旧、教学方式落后、教师责任感不强等，也制约着埃及高等教育的发展。经埃及高等教育主管部门认证的公立综合大学有13所，私立综合大学有6所，此外还有专科大学、高等研究生院、高等普通院校、高等技术学校等。经政府主管部门审核批准，这些院校可向学生授予学士、硕士、博士等学位证书。

访谈时间： 2015年7月20日

访谈地点： 埃及伊斯梅丽亚市的大学教授家

访谈对象： 谢里夫（简称谢）（大学教授）　玛丽（简称玛）

访 谈 人： 杨圣敏（简称杨）　张前进（简称张）　梁向明（简称梁）

阿文翻译： 马永亮（简称马）　瓦格迪（简称瓦）

记录整理： 白楠　王晓丽　白雪梅　马永亮

中文统稿： 张前进　白楠　周丽娅　白雪梅　马永亮

（三）访谈情境

当天中午，调研组一行9人结束与苏伊士运河大学校领导的座谈后，来到伊斯梅丽亚市的一个街道。比起其他街区，这个街道干净整洁，楼房也都较新，可以看出属于中等收入阶层的街区。在瓦格迪老师的带领下，我们来到他的亲戚谢里夫老师家楼下。谢里夫老师和他妻子玛丽亲自下楼迎接。

谢里夫老师身体壮硕，40来岁，着蓝色衬衣、西裤，标准的知识分子装扮。他的妻子穿着便装，短发。从他妻子的名字和穿着可以看出，他们是基督教家庭。他们家在三楼，家中装修比较讲究，有知识分子气息，特别是进门后门口有一个较大的耶稣像。客厅沙发上方与很多埃及家庭不同，悬挂着夫妇二人穿着西方结婚礼服拍摄的结婚照。入座之后，我们开始了如下访谈。

（四）访谈内容

瓦：这是我的亲戚，谢里夫老师和玛丽老师，他们两位都是医学专业，谢里夫老师是解剖学专业教授。这些是我在中国的同事……（一一作了介绍。）

杨：非常有幸拜访你们，我们是来自中国宁夏大学阿拉伯学院的老师。这是我们第一次拜访埃及大学教授的家。

谢：非常欢迎，你们的到来也是我们的荣幸。

瓦：我们调研组里面，除了有阿拉伯语专业的教师，还有宁夏大学中阿研究院的一些专家。

张：这位杨圣敏教授是我们中国著名的民族学、人类学专家。

谢：非常欢迎你们来到伊斯梅丽亚，希望你们在这里的一切活动顺利。

杨：你们家很宽敞，装修得也很漂亮。您是医学专业，具体从事什么领域的研究？

谢：我本科学习医学，在解剖学院毕业，取得了相关的资质证书，现在在苏伊士运河大学医学院解剖系任教。

杨：那您太太跟您是一所大学的吗？

玛：不是，我是医药学专业本科毕业，目前不上班。

杨：您到这个学校很久了吧？

谢：是的，有 20 多年了。

杨：您是这个学校毕业的吗？

谢：是的，毕业后留校工作。

杨：您是当地人？

谢：是的，我的父母都是本地人，1995 年我就从苏伊士运河大学毕业了。

杨：也就是说您的小学、中学都是在这儿上的？

谢： 是的。

杨： 我们到农村的时候，发现这里的家族很大，一个家族有很多户。您的家族也是一样吧？

谢： 我们家族现在也很大，其中大部分人毕业后去开罗工作。

杨： 在埃及的城市里，是否也有很大的家族？

谢： 是的。

杨： 这跟中国城市不太一样。在中国的城市里，大家族的家庭很少，很多都是外来人口，而且跟朋友交往比较多。您去过北京吗？

谢： 非常想去，瓦格迪老师也经常给我介绍中国。以后有机会，我肯定会去。

杨： 如果您去中国，可以联系我，我就在北京。

谢： 感谢您的邀请，到时候一定去。

杨： 您父母年龄应该都不大吧，他们也从事医疗方面的工作吗？

谢： 他们年龄很大了，都 70 多岁了。我父亲曾经做卫生方面的工作，我母亲在小学教书。

杨： 您学的这个专业是受父亲的影响吗？

谢： 我经常去医院，慢慢喜欢上医学，是有一定的影响。

杨： 埃及的大学招聘教师是否都必须是博士学位？

谢： 不一定。大学在学生本科毕业后，会选择最优秀的学生留校工作。然后，他们慢慢提升学历，读硕士和博士，其间可以根据能力代课。读硕士需要 2～3 年，读博士一般是 3～5 年。

杨： 那这样边工边读会很累。

谢： 是的，我那时候就是这样，在教书的时候也得准备研究生考试。

杨： 您这儿研究生还收学费吗？

谢： 中小学免费，但其中实验小学、语言学校和私立学校是收费的，有钱的家庭会把孩子送到收费学校。研究生还是要交费的，根据所学专业不同，其费用也不一样，全部费用都由学生个人承担。

杨：您读博时的学费是父母支持还是靠自己？

谢：我当时在学院上班，边工边读，用工资交学费。那么，中国的博士、硕士培养模式和埃及是一样的吗？

图 27 在中国援建的实验中心与苏伊士运河大学教授交流

杨：不大一样。以前在中国读研和读博都是免费的。我是硕士毕业留校的，80 年代在我的学校读博和读硕都是免费的。我是在任教后读的博士。

谢：中国授课模式是传统教学还是采取“解决问题”的教学模式？

杨：主要有专业课和基础课，还要辅修一些专业性课程。比如我们的人文学系有理论和通论、人类学方法、人类学学科史等基础学科，这些都是用传统教学模式。但是高年级会有新疆民族学研究和世界相关民族研究，这些都需要学生自己去研究相关问题。一般埃及达到博士学位后，多长时间能够评副教授职称？

谢：博士毕业后 4 ~ 5 年内评上讲师职称，然后发表四五篇论文才能评副教授。

杨：埃及有没有像中国的核心期刊？中国有一般的专业期刊，也有核心期刊，一般评职称必须在核心期刊发表相关的论文。评副教授一般要求5篇，参与编撰教材和专著也算评职称的成果。

谢：在埃及，评职称必须在国际期刊上发表论文。

杨：在中国，如果在知名国际期刊发表自然科学论文，可以得到奖励。中国的职称是按照讲师、副教授、教授这样的评定顺序，埃及也是这样吗？从副教授评教授有没有年限要求？

谢：埃及也是这样，我想世界大部分大学都是这样。不过在埃及，副教授评教授没有年限要求，一般在国际期刊发表10篇论文并通过职称评定委员会的评审就可以。

杨：那学校每年对评教授名额有没有限制？

谢：根据每个学院的教师比例而定。

杨：你们系有多少老师，正教授或副教授是多少？

谢：一共有17名教职工，其中5名教授，2名副教授，10名讲师。

杨：正教授还有不同的级别吗？

谢：基本没有区别。可能会在退休金上有些区别，退休后也可以继续聘任上班。

杨：中国正教授有四个级别，四级为最低级别，一级教授级别最高。

谢：那在中国，教授退休后能否继续工作？

杨：一级教授是终身制的。二级以下教授要通过返聘才可以工作。中国退休年龄一般一级是70岁，二级是65岁，三级以下是63岁，副教授一般是60岁。不同专业的工资差别大，在中国医学专业工资较高。

谢：埃及各个专业教授的工资没有很大差别。

杨：我们今天采访一个广播电台的播音员时，他说自己工资比较高，但他说大学教师的工资比他还要高。我在北京的大学中是中高级教授，一个月大概有15000元（约20000埃镑）的工资，这样的工资标准和埃及比有什么差别？

谢：这样年龄的教授，职称差不多一样。工资与职位有关，比如系主任会高一点。

杨：中国的系主任、院长的工资不会高很多。我曾当过16年院长，院长的工资比我评上教授后的工资低很多。因为老师的工资跟代课和发表论文多少也有关系。担任院长的时候课很少，也没有时间发表很多论文。

谢：中国这种制度更好一点。埃及的高校行政部门工资会高很多，比如系主任的工资会高一些。比如我们医学系不只涉及教学问题，还涉及医院的工作，所以工资较高，一般会比教授高一些。

杨：工资跟教学及科研项目工作量有关系吗？

谢：不挂钩，但是如果有老师编教材并容许在学校使用，就可以赚取教材的收入。

杨：那授课呢？

谢：授课都是学校按照基本工资里面的课时分配的。

杨：那工作量超过要求呢？

谢：一般不会出现这样的问题。教授一般都只带1门课，而且每周也就有1小节课程，即使加课也不会发额外的工资。（瓦格迪打断了我们的交谈，他觉得来到他的亲友家里提工资之类的问题有些唐突。他建议大家互相交流一下，让谢里夫老师也向我们咨询一些问题。）

谢：中国的教学方式怎么样？

杨：中国大学老师大约有100万，中国老师的教学方式也不尽相同。

谢：教师资源能够满足教学需求吗？

杨：中国的教师资源还是比较紧张，目前有2000多所高校。

谢：学生毕业后想成为大学老师吗？大学教师的工作有没有吸引力？

杨：大学教师必须是博士学位，但博士生数量也很多。大多数毕业生想当大学老师，因为教师职业比较稳定。但是工科类想要挣钱的学生并不愿意当老师，希望在企业工作。中国的高校教师算是中等收入人群。

图 28　与苏伊士运河大学校长交流合作事宜

谢：如果高校老师去创业或者在公司上班，工资应该会更高吧？

杨：是的，但是高校比较稳定，福利也较好。

谢：在中国，发表论文费用是由政府承担还是个人承担？

张：如果教师有科研项目的，可以从项目经费中支出，没有科研项目的，一般要个人支付版面费。

谢：在中国，人文社科类、生物类专业学科的学生数量哪个比较多？

杨：目前，人文社科类专业学生多一些。90 年代，学经济、商业和计算机的人数最多，因这些专业好就业、工资高。现在，优势不是太明显，工科类专业较受欢迎。

梁：大学里的教师怎样考核？

谢：考核不合格以后很难评职称。

梁：苏伊士运河大学的学生通过何种途径对教学进行评价？

谢：有专门进行教学质量评估的部门，每天都会调查学生的评价。

张：目前在中国，医学专业的学生就业形势较好。苏伊士运河大学医学、法学专业的学生就业是否也比较好？其他专业就业如何？

谢：苏伊士运河大学没有法学系。医学系（牙医与制药）就业最好，其他专业我没有太多关注。

张：埃及高校校长的级别很高，有的好像是正部级级别，埃及所有高校校长都是部长级别吗？

谢：公立学校都是部长级别。

张：部长比省长的级别高吗？

谢：地位要高一些。

白：硕士论文都要求发表吗？

谢：博士论文必须在国际期刊发表，研究生有些要求发表到本地期刊，一部分要求发表到国际期刊。

（鉴于返程路途较远，出于安全考虑，我们结束了本次访谈。）

图 29　在中国援建的苏伊士运河大学渔业与水产教学培训中心访问

（五）访谈小结

谢里夫老师是埃及高校教师的一个缩影。在埃及，进入高校任职，博士学历并不是一个硬性要求。本科时期的优异生有机会留校工作，但条件是在工作期间的规定时间内必须完成硕士、博士学位的攻读，然后才能继续留在教学岗位上。谢里夫本人就是本科留校，进而逐步提高学历留校，目前已评为苏伊士运河大学医学院教授。埃及大学教师收入相对稳定，但是留在高校工作也需要很长时间的努力打拼。谢里夫老师也是经过20年的努力才获得教授职称，目前家庭收入较为平稳。另外，埃及各学科之间差异化明显，医学专业等热门专业就业形势好，教学设施也较为完善和先进，但是其他专业的设施较为陈旧落后，学生就业有一定难度。

十　基层公务员访谈录：家庭生活状况调研

（一）访谈目的

这是对埃及一个基层公务员的访谈。穆罕默德，36岁，已婚，育有两个孩子，一男一女。在“1・25”革命前，穆罕默德从事法语翻译工作，收入较好。革命以后，旅游业受到重创，穆罕默德放弃了翻译工作，考取了埃及旅游部在开罗下设的散客服务中心职位，属于公务员行列，月薪2200埃镑。在访谈中，他对目前的生活状态很不满意，他每天要坐两个小时的车去上班，他的家在农村，水电供给经常出现问题。此外，他对政府体制的腐败现象深恶痛绝。他目前开始学习中文，希望跟他的弟弟一起做中文导游，以此来改变生活现状。

（二）访谈背景

埃及目前的公务员人数大约为700万人。在埃及，公务员不算是中高收入阶层。因为社会体制的原因，埃及的公务员并不如中国公务员那样受追捧，基层公务员的收入普遍在一两千埃镑。但是受到“茉莉花革命”的影响，埃及的经济受到重创，很多人为了谋取稳定的收入，纷纷加入公务员的行列。目前，埃及庞大的公务员群体增加了政府的财政压力，公务员工作懈怠，也为埃及百姓所诟病。埃及投资部部长曾在

2015 年 3 月表示，为了提高埃及公务员的工作效率，提高公务员的素质，计划将埃及的公务员人数从现在的 700 万人缩减到 100 万人。

访谈时间： 2015 年 7 月 23 日

访谈地点： 法尤姆省美利斯湖边的农村

访谈对象： 穆罕默德（简称穆）

访 谈 人： 王晓丽（简称王）

记录整理： 王晓丽

中文统稿： 王晓丽

（三）访谈情境

穆罕默德现年 36 岁，精通法语、英语，目前正在学习汉语，会讲一些汉语，比较健谈。他有两个小孩，妻子是护士。他们和父母、舅舅、姨姨住在自建的一幢楼里。他们家只有 2 个房间。在埃及“1·25”革命前，他担任法语导游，收入不错。革命后，埃及迄今为止没有一个法国旅游团。因此，他换了工作，目前在埃及旅游部在开罗下设的散客服务中心工作，属于公务员行列，月薪 2200 埃镑。他对目前的生活很不满意，希望通过学习中文来寻找工作机会。

（四）访谈内容

王：很高兴到您家里做客。您的英语不错，现在做什么工作？

穆：我现在在旅游部的散客服务中心工作，为那些不跟团自己来旅游的散客提供免费咨询服务。我以前是法语导游。

王：现在的工作和以前比怎么样？为什么换了工作？

穆：不如以前。以前我当法语导游，收入不错。但是埃及发生革命后，迄今为止没有一个法国旅行团。法语没有用处，因此我换了工作。

王：您现在收入多少？

穆：2200 埃镑。

王：妻子有工作吗？

穆：有，妻子是个护士，每个月工资 1400 多埃镑。

王：您对现在的生活满意吗？

穆：不满意。我们家住的村子上个月整整停了 1 个月的水。来水时，一天只有 15 分钟有水。我只能开车去有水的村子打水。

王：管你们的官员是不是也住在村子里，如果没水，他们的生活也是问题。

穆：官员们都住在城里。我们去反映，他们承诺说问题会得到解决，但是什么问题都没有解决。

王：是管理部门的效率太低了吗？

穆：他们都知道这些问题，但是没有人认真负责地去管。另外，村子里的饮用水水管设施年久失修，造成了现在没水的问题。

王：您去开罗上班要花多长时间？你每天回来吗？

穆：从家里到开罗去上班，坐小巴要 3 个小时，坐 1 次 15 埃镑，每天路费 30 埃镑。另外上班要在外面吃午饭，每天 20 埃镑。因此，上一天班的成本是 50 埃镑。我一周应该上 5 天班，每天 6 个小时班，为了省钱，我调了一下。周一我从早晨 8 点上到下午 2 点是一个班 6 个小时，下午 2 点到晚上 8 点再上一个班 6 个小时，这样就等于上了 2 天班，周二也是这样安排，周三上 6 个小时。这样我一周上 3 天班，还是 30 个小时。

王：您弟弟不是在开罗有房子吗，您晚上不能住在他那里吗？

穆：我每天都回家，要和家人在一起。

王：您从周四到周末都没有工作，您可以再找一份其他的工作啊？

穆：我也想找，但是工作不好找。因此，我用空闲的时间到开罗的中国文化中心学习汉语。

王：您学汉语是不是受到您弟弟的影响？他现在的收入比您高吗？

穆：是的。我上大学时是个非常优秀的学生，当法语导游也是很优秀的导游。但是革命后现在没有法国游客，没有法国工厂。学汉语是因为这里有中国游客，有中国工厂。我弟弟比我挣得多。

王：您和父母住在一起，需要养家吗？弟弟给家里钱吗？

穆：是的，需要养活父母。我父亲以前是渔民，现在退休了，每个月有500埃镑的退休金。弟弟的钱主要用来买房，还要攒钱结婚。在埃及，结婚费用很高。

王：您家的房子是自己的吗？你们家对面就是湖，我们中国把这样的房子叫作湖边别墅。

穆：是的。这块地是祖父母留下的，现在我们一个大家族都住在这里。对面是我舅舅家，还有3个姨妈。我有2个孩子，我们一家4口人只有2个房间。

王：您弟弟如果能靠自己攒够结婚的钱，就给家里减轻了一个大负担。

穆：是这样的，所以主要是我来养家。

（内政部警察坐到了对面。）

王：今天家里有2个警察。你现在的收入和这个旅游警察相比怎么样？

穆：当旅游警察的，都是学习不好的孩子。我在学校里学习很好。埃及的小学读六年，然后读3年预科。那些学习不好的孩子预科毕业后，进入技术学校读两年，毕业后再到警察培训学院读2年书，然后就可以当旅游警察了。而学习好的孩子初中毕业后，先读高中，然后去读大学。

王：这个警察的收入有多少？（穆问内政部警察。）

警察：革命前500埃镑，革命后涨到1850埃镑。虽然工资涨了不少，但是物价涨得更快，所以生活很难。

王：你们有制服吗？这身黑西装是你们的便装吗？

警察：这身西装就是我们的制服。

王：那边的那位警察是不是级别很高？

穆：他也不是职位很高的警官。因为职位很高的警察不会在我们法尤姆省这样的农村工作。他也是上面派来的，在这里工作，也可能去阿斯旺等其他地方工作。他也很腐败。他管这里的交通，有时我们开车有违章的现象，给他点钱他就不罚款了。

王：我昨天在车上看到一个警察学院，建得很漂亮，那里培养什么样的警察？

穆：那里是培养高级警察的地方。在大学里，学习成绩很好的孩子，考 90 分或者 95 分的孩子，如果家里很穷，没有背景，进入不了警察学院。而那些家里有钱有势的孩子，只要考 60 分，就可以进入警察学院学习。

王：对于穷人家的孩子，是不是没有进入上层社会的渠道？

穆：要想读警察学院，有钱也可以。但是他们不愿意让穷人家的孩子读警察学院，因为他们认为穷人家的孩子一旦当官，就会腐败。但实际上警察学院培养出来的人，虽然学习成绩不好，但毕业后可以当高官、省长、部长，甚至是总统。埃及现在有很多这样愚蠢的官员，他们自身条件不好，但是依靠家里的背景，可以获得很大的权力，这也是腐败的体现。

王：埃及社会就像一个金字塔，塔尖上是一小部分富人，大多数是塔基的穷人。

穆：是的。

王：您觉得塞西总统怎么样？

穆：我觉得塞西总统还是一个很不错的总统。但问题是各级官员腐败现象很严重，虽然换了总统，但是国家的管理体系没有发生任何变化。

王：塞西才当了一年总统，他也需要时间学习如何去当总统。

穆：是的。

王：您的工作是和外国人打交道，我觉得埃及还是要发展，要开放。

穆：是的。革命对我的影响很大。

王：但是这几天我遇到的有些人也担心外国人进入埃及会抢夺他们的工作机会。

穆：我所在的法尤姆省，特别是我住的村子里的那些老者，他们担心外国人的到来会对他们的生活和习俗产生影响。但我还是希望有外国人来，这也是我现在学中文的原因。

王：您平常给清真寺散钱吗？

穆：不散，但是我们会直接给穷人施舍。我们家房子后面有很多穷人。今天开斋节，我们家 4 口人的天课是每人 8 埃镑，一共 32 埃镑。我给了 100 埃镑，给了 2 家有病的穷人，每家 50 埃镑。以前挣得多的时候，我给穷人给得更多。除了天课外，每个月我们都会给穷人一些食物。

王：你们家一周能吃几次肉？

穆：一周能吃 3～4 顿，牛肉、鸡肉和鱼，但是每顿只有 1 种肉。

王：穷人家一周能吃几次肉？

穆：穷人家一周能吃 1 次肉。这里的穷人很多。

王：您有 2 个孩子，还打算生第 3 个孩子吗？

穆：虽然政府目前鼓励生 2 个或者更少的孩子，但是村子里有很多家有 4～5 个孩子，还有 6 个孩子的。孩子的教育、医疗都是大问题。

王：您的孩子上学费用是多少？

穆：女儿上幼儿园，学费 2000 埃镑。以后上小学，要去公立的实验小学，学费会更贵。纯粹的公立学校教学水平很差。

王：您对未来的期望是什么？

穆：一是解决吃水的问题，二是改善环境卫生，三是解决埃及社会腐败的问题。

王：您去过中国没？

穆：没有。我在开罗中国文化中心学习，因为学得好，我得到一个去中国旅游 10 天的机会。8 月 8 号到中国，去北京、哈尔滨，21 号回来。但我觉得不够，我想去中国学习。学习一个国家的语言还是要在当地待一段时间。我弟弟学汉语时，就在开罗租房和中国学生住在一起，所以学得很快。

王：我们学校有国际教育学院，招收留学生学汉语，您可以来我们学校学习。

穆：学费贵不贵？

王：一个学期 5000 人民币，一年 2 个学期共 10000 人民币。还有住宿费和生活费。详情我回去帮您问一下，然后告诉你弟弟。

（五）访谈小结

1. 一方面，“1·25”革命后，原先依靠欧美国家生存的埃及人生活处境发生了较大变化。目前欧美国家对埃及采取的政策，导致进入埃及的欧美人员数量大幅下降，从而对部分埃及人的生活产生了影响，导致其收入从以前的中上水平下滑到一般水平。另一方面，随着中国与埃及的交流日益密切，从事与中国有关的工作成为新的经济增长点。因此，埃及中青年学习汉语的热情高涨，同时也珍惜去中国学习或者旅游的机会。

2. 埃及普通公务员对埃及社会的腐败问题深恶痛绝，同时埃及目前的体制也没有让普通人通过自身的努力进入上层社会的通道。中青年人对未来没有太多的期望，只是希望社会稳定，希望关系到自身生活的一些基础性问题得到解决。

3. 为解决人口增长过快、能源消耗过多的问题，埃及目前也开始提倡计划生育政策。

十一　护士访谈录：家庭和生活状况调研

（一）访谈目的

这是我们在埃及法尤姆市对一位护士的访谈。这位护士是该村为数不多的女知识分子之一。我们希望通过访谈，重点了解埃及农村工作女性的家庭生活状况。

（二）访谈背景

埃及是阿拉伯世界最早掀起妇女解放运动的国家，所以埃及妇女是阿拉伯世界最早走出家门，走向社会参加工作的。1952 年“七月革命”以后，埃及妇女在教育、就业、参政等方面的状况有很大改观，女子入学率不断提高，女大学生所学专业日益广泛，妇女就业率增长，就业领域拓宽，妇女参政比例呈上升趋势。但埃及妇女在发展过程中依然存在许多问题，如埃及妇女尤其是农村妇女受教育率很低，妇女不识字现象很普遍。除了贫穷和性别歧视之外，埃及农村非常普遍的早婚现象也是导致妇女无法接受教育的重要原因。因此，我们对一个受过教育的农村工作妇女做了访谈，以了解农村工作妇女的家庭生活现状。

访谈时间：2015 年 7 月 23 日上午 11：00
访谈地点：黄宝剑家（法尤姆市）
访谈对象：黄宝剑的嫂子（简称护士）
访 谈 人：周丽娅（简称周）
记录整理：周丽娅
中文统稿：周丽娅

（三）访谈情境

当天上午，我们一行 9 人在埃及内政部一位武装人员的随同下，从开罗市区出发，驱车 85 公里来到法尤姆市的一个渔村，也就是此行陪同我们的导游家里。一路交通比较顺畅，沿途路过大片湖区，渔村看上去经济发展缓慢，沿湖有一些船只比较破旧。我们停车的地点是导游家门口，对面是大片湖区。

导游的家是一栋四层自建水泥楼房，一层导游父母住，二层是三室两厅一卫的家居套间，导游哥哥一家4口住。三、四层是导游和另一个哥哥的家。外观与内部装饰都比较简陋，但很干净。导游父亲与我们打了个招呼，导游哥哥热情接待了我们，导游嫂子为我们准备了茶水。她是一位26岁的妇女，身穿花色大袍，头戴头巾，现为市公立医院护士，有2个小孩，月薪1500埃镑，收入稳定。她丈夫在旅游部工作。她觉得目前的生活比较一般，有一些压力。她与我在楼道相遇，热情地将我迎进卧室，端上茶水和一些甜点。我们互相自我介绍后，开始正式交谈。

（四）访谈内容

护士：欢迎你来我家里做客，很荣幸。（偶遇，开始攀谈。）

周：我们也很荣幸。你的孩子很乖巧，他们刚吃完芒果，我问他们是不是需要洗手，他们回答说："你说的对。"（笑了）

（周按：我们调研所到的埃及农村里，大部分孩童从穿戴衣着看起来比较贫困，受教育程度不高，礼仪礼貌都有一些欠缺，但是孩子们都很热情、纯真。这家两个小孩年龄虽小，但比较干净、讲卫生，说明工作妇女家庭的教育状况比较好。）

护士：（笑了）他们可爱吧？

周：嗯，非常可爱，你是他们的母亲，穆罕默德的妻子吧？

护士：对，我是。

周：刚才吃了你为我们准备的水果，很感谢你！

护士：欢迎你们！我们坐到我屋里谈吧！

周：好的。你叫什么名字？

护士：我叫娜达。

周：我听你丈夫说你也参加工作，你从事什么职业？

护士：我是一名护士，在离这里15公里的医院工作。

周：噢，我们之前去过埃及的一些农村，了解到很多妇女没有工作，你们这个村子的妇女参加工作的人多吗？

护士：不多，只有我和另外两名妇女，她们是教师。

周：你是上过大学还是医学院？

护士：我上过护校，毕业后来到这里工作。

周：你多大年龄？

护士：我 26 岁。

周：我刚刚问过你的大孩子，他 5 岁了，那你是什么时候结婚的？

（周按：埃及女性结婚都比较早，从谈话内容中推断出护士结婚也比较早，提出此问题以了解工作妇女的大致结婚年龄。）

护士：我 18 岁结婚，毕业一年后结的婚。

周：那你的护校是什么时候上的？高中毕业后上的，还是初中毕业后上的，你 17 岁就毕业了？

（周按：以结婚年龄推断出护士应该没有就读高中和大学，而是参加了类似于中国中专或高职类的学习。毕业后从事护理工作，可侧面说明埃及护士的受教育情况以及文化水平。）

护士：我是初中毕业后上的护校，学习了三年的护理专业，毕业后到这里工作。我的家离这里很远，坐车需要 12 个小时。

周：哦，那真的很远。你的父母都还在老家？你娘家几口人？

护士：我娘家 9 口人，我爸爸妈妈，2 个姐姐，4 个兄弟。

（周按：埃及普通家庭有 5 个左右小孩的情况非常普遍，个别家庭甚至有 10 个小孩。这说明埃及没有计划生育之类的政策和措施。）

周：他们分别做什么工作？

护士：父母年老在家，兄弟都在做生意，我的大姐是家庭主妇，二姐是小学教师。（拿来二姐结婚的照片让我看）

周：嗯，你们姐妹都很漂亮，你最漂亮！你们结婚也穿白色婚纱？

（周按：埃及婚礼习俗有自身的特色，但同时受到西方文化的影响，比如新娘普遍穿白色的西式婚纱。）

护士：是的，我们女性在一起，所以没有关系。

周：那你经常回娘家吗？

护士：不，娘家太远，一年或一年半才回去一次。

周：娘家在哪个城市？

护士：很远很偏僻的一个城市，你可能不知道，是在×××省。

周：哦，那确实不知道，你开斋节回去看望父母了吗？

护士：没有，因为孩子很小，一年没有回去了。（很是想念父母的样子）

周：你和丈夫是自由恋爱还是经人介绍的？

护士：我们是亲戚，是姑舅表亲。

（周按：在阿拉伯国家，姑表亲孩子结婚的现象很普遍，有相当一部分家庭在选择结婚对象时，首先选择姑表亲家的孩子，而且存在男女双方年龄相差较大的情况。随着社会的进步和发展，这种情况有所改善，下文中会提到。）

周：哦，这儿有很多人是姑舅表亲结婚，比如在海湾国家，直到姑舅亲戚里面没有男孩或女孩了，才选择和邻居或别人结婚，对吗？

护士：现在这种情况不多了，上学的人会选择自由恋爱，也有经人介绍结婚的。

周：那你和你的丈夫从小认识？你们家离得很远啊？

护士：不，我父亲30年前搬到现在住的地方，我们从小没有见过面。我是毕业后在这里工作，经过亲戚撮合，才认识我丈夫结婚的。

周：那你们感情好吗？

护士：很好，我们很相爱。

周：你的孩子，一男一女，这在中国就能组成一个“好”字，我们非常羡慕。你还想要第三个、第四个孩子吗？

（周按：上文中提到埃及普通家庭孩子较多的现象比较普遍，但当前青年夫妇对多生育孩子的观念有所改变，尤其是受过教育的群体。）

护士：不，我不想要。我已经做了埋线避孕的手术，在胳膊上，你看，我不想要孩子了，现在这样很好。

周：你平常上班，孩子怎么办？在中国，我们工作，必须找人看孩子，老人或保姆都可以。

护士：孩子在爷爷奶奶那里，有时候在叔叔那里，他们二叔结婚后还没有孩子，有时候帮我们照看。

周：哦，那你和你丈夫忙吗？

护士：我丈夫每周工作2～3天，我每周工作4天，每两周上1个夜班，工作还可以。

周：你的工资怎么样？请原谅这样提问，如果不想告诉我没有关系。

护士：这没有什么，我的收入一个月是1500埃镑。

（周按：这个收入水平在埃及农村算中等偏上。作为女性，有这样的稳定收入，在一定程度上能够帮助丈夫养家，也会提高工作妇女在家庭中的地位。）

周：哦，这挺高的。你们孩子的教育都是免费的，那你们花销大吗？

护士：免费的学校不好，我们孩子都要去私立学校学习，大儿子9月要去私立小学的学前班学习，小女儿也要去幼儿园。

（周按：埃及公立教育虽然免费，但是教学质量不尽如人意。据调研了解到，埃及公立学校教师在外教课的现象非常普遍。很多家庭宁愿选择收费较高的私立学校或私教课程，也不愿将孩子送到免费的公立学校，因为担心耽误孩子学业。）

周：那这儿的私立学校费用高吗？

护士：幼儿园每个月50埃镑，小学一年2000埃镑，有专车接送，是可以教授英语、法语的学校，离家有30公里。

（周按：埃及私立学校比较普遍且管理较为完善。从所授课程可以了解到，私立学校对学生语言的培养较为重视。）

周：是每个月还是每年2000埃镑？

护士：一年2000埃镑。

周：哦，这种学校教学质量很好？

护士：很好，孩子在公立学校什么都学不到，所以不得不送私立学校。

（小女儿进来开冰箱门，搬土豆，妈妈制止了她，女孩很顺从地出去玩了。大儿子拿着玩具手枪，进来玩，妈妈说不行，让出去找爸爸玩，他便也出去了。）

周：你的孩子很听话，刚才看到他们吃芒果，兄妹俩都很乖地把芒果皮扔到垃圾桶里，一个还给另一个帮忙，扶住垃圾桶的盖子。这样的小孩子很可爱，看得出你们夫妻很注重教育孩子，孩子比较听你的话还是爸爸的话？

护士：都听呢，我们只要告诉他们什么不对，什么不能做，他们基本很听话。

周：男孩子一般很淘气，女孩子好一些对吧？我听孩子叔叔说他很喜欢你女儿，因为这个年龄段最可爱，她也很安静，有时候会害羞。

护士：是的，大儿子比较调皮，小女儿很乖。我很爱他们两个。

周：你们喜欢男孩还是女孩？比如一家人先生了一个女孩，是不是很盼望第二个是男孩？

（周按：埃及社会也存在重男轻女的思想，但因为可以多生育孩子，所以这种现象不是很明显，但一家人接连生三四个女孩的话，对男孩的渴求度还是比较强烈的。）

护士：有这样的，但是我们可以生几个小孩，伊斯兰教不主张计划生育，所以一般家庭都生四五个孩子，这没有什么，可能是你们国家只能生一个，你们现在还是这样吗？

周：我们国家人口非常多，你知道吧？我们少数民族可以生两个，现在的政策是汉族如果夫妻双方都是独生子女，可以生两个，因为现在很多家庭是两个孩子赡养 4 位老人，压力很大。

护士：嗯，我不想要第三个孩子，也是因为不想再有很大的压力。

周：现在的社会，感觉压力很大吗？

护士：比较大吧。

周：你认为是社会不稳定导致的还是其他原因？

护士：社会不太稳定，不过也不全是。

（周按：当前埃及社会在塞西总统执政下，相对稳定，但能看出普通老百姓不愿意多谈政治。）

周：你们周围的这片湖特别漂亮，出产鱼吗？

护士：现在很少了，附近有些渔业养殖区，他们挖了大坑，引水养鱼，不过也不是很多。

（孩子跑进来叫妈妈，我们的谈话就结束了）

（五）访谈小结

这次访谈非常短，但让我们了解到在埃及农村参加工作妇女的生活现状。她们受过教育，自身素质比较良好，能够在参加工作的同时照顾家庭，很重视孩子的教育问题，但对政治没有太大的热情。从中我们可以看出，农村妇女受教育率是很低的，这也是埃及社会当前亟待解决的一个难题。

十二　电台主持人访谈录：中等收入家庭状况调研

（一）访谈目的

这是对埃及一个省级广播电台主持人的访谈。他是埃及中等收入家庭比较典型的代表。通过对他的访谈，我们了解到他对目前的家庭收入状况感到比较满意，但由于埃及退休金普遍较低，所以像他这样在工作岗位上拼搏一生的工薪阶层，对退休后的生活保障还有许多顾虑，也希望政府给予这个群体的社会保障体系更多的关注。

（二）背景资料

埃及总统塞西 2014 年 7 月签署命令，批准了过渡政府 2013 年通过的有关政府公务员最高工资的法案。根据这份法案，埃及公务员的最高工资不得超过最低工资的35倍。中央和省级政府的公务员、国有管理机构人员、经济和服务类机构的工作人员，除去养老金等项目后的最高工资为每月42000埃镑（约合3.36万元人民币），而每月最低工资为1200埃镑（约合960元人民币）。法案还规定，埃及政府只有总统塞西才可以每月拿到新法案所规定的最高42000埃镑的薪水上限，其他人的工资则不能高于这一数额。

据统计，埃及2012～2013财政年度的公务员总数为554万①，薪水开支费用庞大。目前，埃及经济面临困境，内外债务负担十分沉重。塞西2014年6月24日表示，他自愿放弃一半工资，以帮助国家减轻赤字，使民众为即将开始的财政紧缩政策做准备。统计数据显示，2012～2013财年，埃及国内生产总值增长率仅为2.4%，预算赤字占国内生产总值的14%，失业率高达13.4%，大约四分之一的埃及人生活在贫困线下。

访谈时间： 2015年7月20日下午1：30

访谈地点： 阿卜杜·热哈曼家（伊斯梅丽亚市）

访谈对象： 阿卜杜·热哈曼父亲（简称热哈曼）

访 谈 人： 杨圣敏（简称杨）　张前进（简称张）
瓦格迪（简称瓦）

阿文翻译： 马永亮（简称马）

记录整理： 李治顺　李家胜　安宁　田辉

中文统稿： 梁向明　马永亮　张前进

（三）访谈情境

在苏伊士运河大学孔子学院埃及学生阿卜杜·热哈曼的邀请下，调

① 《金字塔报》网站2014年7月3日报道：2009年埃及人口7000多万，公务员规模就已经超过600多万，约占总人口的十分之一。（参见任建民、李潇一《“公务员热”在全球遭质疑》，《环球瞭望》2009年第5期）

研组一行十余人来到位于伊斯梅丽亚郊区的他家中。阿卜杜·热哈曼家位于公路边，跟埃及的很多居民建筑一样，周围都是尚未盖完的建筑。① 阿卜杜·热哈曼的家是个一层建筑，房顶上裸露着钢筋，随着家庭人员的增加，以后可能增盖二层或者更高的楼层。当调研组一行到他家门口时，他的父母已经在门口迎接。阿卜杜·热哈曼的父亲是伊斯梅丽亚省广播电台主持人，现已 57 岁，穿着埃及中老年人的传统阿拉伯大袍，戴着一副高度近视眼镜。我们一行挤坐在不大的客厅，开始访谈。

图 30　调研组受到女主人热情招待

（四）访谈内容

马：您好！首先我给您介绍一下旁边的两位，一位是宁夏大学中国阿拉伯研究院的学术委员会主任杨圣敏教授，一位是宁夏大学阿拉伯学院张前进书记。

热哈曼：欢迎你们的到来！你的阿语很流利。

---

① 梁按：据当地人介绍，埃及政府规定，未建完的家庭住宅不征收房产税，所以埃及百姓为合理规避此项税种，使家庭住宅像未完工的建筑。

马：谢谢夸奖！我只会说标准阿拉伯语，不太懂埃及方言。

热哈曼：阿拉伯语有很多方言，比如埃及方言、沙特方言等。中国应该也有很多方言。

瓦：是的，中国有很多方言。

马：但中国人大多会说普通话，在大街小巷都能听到标准的中国普通话。

瓦：这次来你们家访谈，是与您的儿子约定的。我们非常感谢您和您的儿子阿卜杜·热哈曼邀请我们到您家做客。

热哈曼：我儿子非常喜欢中国，他想去中国学习。

瓦：非常欢迎他到中国学习。他是在读研究生吗？

热哈曼：不是，是本科生。他曾获得中国 CCTV 的奖学金。

瓦：杨圣敏教授是中国著名的人类学专家，有很多学术著作。他和张书记这次带调研组想了解一下埃及百姓的基本生活状况。

热哈曼：我是伊斯梅丽亚省广播电台的主持人，我经常看中国 CCTV 的阿拉伯语频道。我发现，中国的农村和阿拉伯国家农村在风俗礼仪方面有很多相似之处，比如家庭成员之间的关系、生活习惯、邻里相处等。我个人非常喜欢学习各类知识，读过中国的一些历史，从古代帝王到毛泽东时代，对中国的历史有过一些研究。中国人也很会利用各方资源发展自己，目前已成为世界第二大经济体。

热哈曼夫人（给客人端饮料）：请大家喝饮料，阿卜杜·热哈曼的爸爸在封副功斋，就不喝了。（马按：按伊斯兰教法，穆斯林斋月以外的斋戒称为副功斋，属自愿封斋。）

热哈曼：中国的科技不能说是世界第一，但是在人力资源利用上是其他国家无法企及的。中国和埃及的关系一直比较好，我儿子非常喜欢学中文，他希望以后有机会能到中国留学。另外，我认为中埃间的合作不能只局限于政府之间的合作，更重要的是要加强民间的文化交往。我非常欢迎中国客人来我家做客，我和阿卜杜·热哈曼的妈妈把中国留学生当作自己的孩子一样，我相信很多埃及家庭对他们都会这样。

杨：谢谢您给予我们留学生的帮助。我们一行这么多人到您家，真是麻烦您了。同样我们在中国也帮助过很多阿拉伯朋友。

热哈曼：我对于你们学校派留学生有一个建议，就是不应该把所有的中国访学学生放在一个班里，要和埃及学生混合在一个班里学习，而且要和校外的阿拉伯人经常交流。不然，中国学生全在一个班里，语言交流有限，对学生来说也不能产生多大的效果。在这里，有些中国人做买卖，背着包，走街串巷吆喝卖东西，他们甚至会说当地农民说的土语。（梁按：在埃及，有不少来自中国的商人走乡串户，出售廉价的中国日用品。）

杨：我们这次来，一是主要来看望我们的访学学生，与他们的老师进行沟通，了解他们的学习情况；二是想了解一下埃及的社会情况。我对埃及的历史比较感兴趣，也有一些了解，但目前我们对埃及社会状况的了解主要来自西方国家的文献资料。

热哈曼：确实如此，美国等西方媒体一般都报道中国的一些负面消息，对埃及和其他阿拉伯国家也是如此。

杨：埃及是世界上历史最悠久的文明古国之一，可是我们现在对埃及的了解还很不够。

（这时，宁夏卫视台《双城对话》系列节目摄制组也驱车前来采访，并对我们访谈现场进行了全程摄影。）

马：这是宁夏卫视台《双城对话》系列节目的摄制组，想在中阿博览会之前，制作一些关于阿拉伯国家的专题节目。他们可以在您家拍摄吗？

热哈曼：可以，非常欢迎。

杨：我们想了解一下埃及普通家庭生活的简单情况，希望您给我们介绍一下这方面的情况。

热哈曼：我想谈一下埃及的社会变迁。我认为埃及这些年是发生了一些变化，但变化不大。我对中国的社会变化不太了解，对印度一些城市的发展情况了解得多一些。印度会给城镇和农村做 5 ~ 10 年的发展规划。埃及虽然也做相应的规划，但规划的前瞻性不够，如近年来埃及人口增长很快，城市道路建设、排水系统等基础设施跟不上人口及社会发展需求。我觉得埃及城市规划做得不是很好。

杨：1992 年，我来过埃及。这次来，我发现埃及变化很大，进步也很快。埃及和中国有很多相似的地方，刚才你讲过，埃及农民和中国农民很相像，最近这几天我们去过两个村子，确实发现埃及农村的社会结构、家人关系和中国非常像。前段时间，我们主要的访谈对象大多是农民和市民，您是我们这次访谈的第一位知识分子。我觉得埃及人有很多优点值得中国人学习，比如埃及人非常热情好客，我想你们的国家会发展得很快很好。

热哈曼：现在埃及有很多的中国企业和中国项目，我觉得两国在很多领域有合作的空间。埃及现在的劳动力很多，而且成本比较低。中国应该利用埃及的这些资源，既可帮助埃及发展，也可增加中国企业盈利。中国最初也学习日本及西方的先进技术，现在中国已基本摆脱复制和模仿的阶段，开始创新。日本和中国的关系很差，是因为在二战期间日本屠杀了很多中国人，将近 2000 多万人啊。

杨：比二战时德国杀死的苏联人还多。

热哈曼：虽然中日关系不太好，但两国在经济、学术等领域都有合作，有共同的利益。

杨：您刚讲的中国企业来埃及，但来的不多，这可能和埃及开放的政策有关。

热哈曼：我是一个普通人，对国家政策不太了解，但我个人希望中埃能在更多领域合作。

杨：我们发现埃及有很多东西是中国所需要的，希望出口到中国去。中国现在有很多优质产能过剩，完全可以和埃及相关企业合作，互利共赢。埃及在历史上也遭受过侵略，我们两个国家有很多相似之处。20 世纪 80 年代中国刚刚开放时，我们对包括日本在内的西方国家技术也很警惕，不是全面开放，主要是怕外国人控制我们的经济。

热哈曼：中国很好地将共产主义和资本主义结合在一起，所以中国取得了成功。

杨：中国和埃及不仅历史上有很多相似的地方，而且制度上有过相似之处。中国走社会主义道路，埃及也兴起过伊斯兰社会主义。

热哈曼：中国现在与毛泽东时期相比有了很大的变化，思想更解放了，更为开放了。

杨：你很了解中国。埃及在纳赛尔时期实行的土地改革和中国解放初的土地改革很相似。

热哈曼：现在社会发展最重要的应该是发展科技，中国农村在技术应用上取得了很大的成就，但埃及在这方面还很薄弱。

杨：您刚才讲到中国现在与毛泽东时期相比变化很大，那埃及现在与纳赛尔时期相比变化是不是也很大？

热哈曼：是的，变化很大。我很钦佩古埃及人的智慧。埃及有一个神庙，是拉姆西斯二世修建的。神庙每年有两天阳光会照到墓室最深处，是因为拉美西斯希望阳光每年的这两天都能照耀到他的灵柩上，一天是他的生日，另一天是他的登基之日。后来因为修建阿斯旺水坝，他的墓室被迁到其他地方，复制了古人的这种采光技术。我的意思是其实古埃及人很聪明，我们应该学习他们，同时应该借鉴其他国家的文明和智慧。最近看新闻说，有个阿拉伯国家和中国在广州开了一个新的阿语频道①。作为一个普通老百姓，我不知道政府之间应该怎么合作，但民间的合作应该更多一些。

杨：你什么时候开始从事播音工作的？

热哈曼：很小的时候，在中学时我就开始当播音员了。因为从小就做播音方面的事，所以一直对播音很感兴趣，后来考入传媒系，但是毕业后由于就业机会少，所以没有做这方面的工作。我毕业后真正进入播

① 他所说的其实是中阿卫视（CATV）台，该台是由迪拜著名华商与阿联酋王室成员共同创办的一家卫星电视台，总部位于中东的金融与贸易中心——迪拜（2020 年世博会所在地），并在中国设有运营中心。

图 31　调研组在电台主持人家中访谈

音行业用了 15 年的时间。其间，我在一个蒸汽电厂工作过，那儿的工作很危险。最终，我经历了很多曲折最终进入了播音行业，我觉得是一件很了不起的事情。

杨：你什么时候开始到电台工作的？

热哈曼：1991 年。

杨：你到电台工作跟你的父亲有关系吗？

热哈曼：没有，是我个人的爱好。但我不喜欢电视传媒，虽然电视和广播都是传播信息的，但有点不一样。当你听广播的时候，只有声音没有画面，你的脑海里就会想象播音内容的画面。因此，我认为广播在人心中留下的印象比电视更深一些。

杨：你爸爸和爷爷是从事什么职业的？

热哈曼：我爸爸是军队的一个职员，爷爷是商人。我的家人从事各种职业，有做会计的，有做商人的，有做工程师的。

杨：你们家很早之前就定居伊斯梅丽亚市了吗？

热哈曼：从开凿运河开始，也就是 1896 年。

杨：你们是从哪儿搬来伊斯梅丽亚的？

热哈曼： 我祖上是从希贾兹[①]搬来的。我太爷有土耳其血统，我妈妈原来的家在埃及东部农业区，姥姥来自上埃及地区。所以，我觉得我身上融合了阿拉伯人的慷慨和土耳其人、上埃及人的固执。

杨： 我已经60多岁了，我觉得你年龄应该和我差不多。

热哈曼： 我57岁。

杨： 你在电台每天工作几个小时？是不是很辛苦？

热哈曼： 没有固定时间，比如我每天早上5点出去工作，晚上12点才回家，其间除了播音，还要收集素材和采访。

杨： 就是做播音的同时，还做记者的工作。

热哈曼： 是的，这个工作和电视台不一样。电视台有导演，有准备稿子的人，但在电台，播音、收集资料、准备稿件都是我一个人做。

杨： 你是哪个地方的播音员？

热哈曼： 是伊斯梅丽亚省电台的播音员。我觉得我之所以能够胜任这份工作，得益于我以前的工作经历。比如我曾在电厂工作过，工作中积累了很多经验。

杨： 你是负责采访社会问题的栏目吗？

热哈曼： 所有方面，文化、家庭、政治、社会、农业等。

杨： 节目内容只是关于伊斯梅丽亚省的还是全国范围的？

热哈曼： 原来电台只做关于伊斯梅丽亚、赛德港以及苏伊士三个省的节目，现在要报道全国乃至世界范围内的新闻。

杨： 所有的稿件都是你自己编写的吗？

热哈曼： 对，我必须关注各种知识。比如要做一个跟医学有关的节目，我就要准备充分的资料，因为在直播的时候，你的反应速度必须很快，必须提前做充分的准备。我曾经对一个医学博士进行电话采访，对方正在参加一个医学会议，时间非常紧急，我当时做出快速反应，借助我平时积累的医学知识，对他进行了成功的采访。

---

① 希贾兹（阿拉伯文 الحجاز，英文 Hejaz），是沙特阿拉伯王国西部沿海地区三个行省（塔布克省、麦地那省和麦加省）的合称。因境内有希贾兹山脉而得名。

杨：你所要播报的内容是你自己审定还是需要上级部门审查？

热哈曼：节目所涉及的主题、思路、结构都必须上报，但具体细节不需要上报。

杨：你对自己孩子的未来发展有什么打算？

热哈曼：我要求孩子重视文化学习。现在时代不一样了。我以前找资料都是通过书本资料，现在的孩子只要上网就能找到所有的资料信息。但现在的孩子把电脑用于玩游戏和社交上，没有利用电脑和网络的真正价值。

杨：你的工作很累，你的工资应该跟大学教授一样吧？

热哈曼：还达不到大学教授的工资级别。我干得多，拿得少，我的收入比大学教师低，甚至比电视台的一般职员少。但感赞安拉，还过得去。广播电台的工资比电视台低，普通电视台的工资比卫星电视台的低。

杨：你多少岁的时候退休啊？

热哈曼：我今年 57 岁，再有三年就退休了。

杨：你退休后有退休金吗？

热哈曼：我退休后能拿到工资 10% 的退休金。

杨：退休后 10% 的退休金不够用吧？

热哈曼：这个跟不同的单位有关系，有的单位退休金高一点。

杨：退休金高一点的能有多少？

热哈曼：具体我也不太清楚，但军队特别高。

杨：如果你退休后孩子还在上学，退休金不够用吧？

热哈曼：不够，只能靠孩子自食其力了。

杨：你退休后能有 800 埃镑的退休金吗？

热哈曼：差不多吧！反正不到 1000 埃镑。如果不找其他工作，就指望这点退休金肯定是不够的。（*张按：由此推断出他目前的月薪在 10000 埃磅左右。*）

杨：那埃及很多退休职工得靠养老金来供养孩子？

热哈曼：是的。我觉得世界上的任何国家，大多数父母会帮助自己的孩子，除了英美、日本这些国家。

杨：你的妻子不工作吗？

热哈曼：她工作，从事教育工作。

杨：你们家的生活水平在埃及算是高的还是中等？

热哈曼：中上等吧，感赞安拉！虽然我和我的妻子都工作，但现在的物价上涨很快，明显感觉到压力很大。这个问题不仅在埃及存在，我的兄弟在瑞士，那边的钱也在贬值，物价也在上涨。实际上，这个问题的最终受害者是穷人，对有钱人影响不大。我认为埃及的情况好于美国等一些国家。虽然埃及有拾荒为生的人，但他们有家可归。美国虽然是发达国家，但也有不少无家可归而露宿街头的人。美国的底层老百姓如果没有购买医保，也很难看病。

（由于阿卜杜·热哈曼父亲在封斋，跟我们聊了很多，看似有些疲惫，所以我们就结束了访谈。）

（五）访谈小结

通过对阿卜杜·热哈曼父亲的访谈，我们可以从一个侧面了解到，埃及广电系统的普通职员工作强度大，要求高，收入水平比政府机关普通工作人员相应高一些，但由于埃及退休金普遍较低，政府社会保障体系不够健全，加之物价上涨较快，子女教育成本较高，因而像阿卜杜·热哈曼父亲这样的埃及中等收入群体面临的生活压力依旧较大。

十三　客运车主访谈录：农民转市民的生活变迁调研

（一）访谈目的

这是对亚历山大市郊一位中巴车车主的访谈。穆罕默德今年 51 岁，有4个孩子，三女一男，都在上学。穆罕默德老家在农村，他不甘于继承种地的工作，自学电工做了一名海员。后来随着海事事故频发，穆罕默德放弃了海员工作，为别人开中巴车。几年的工作经历后，他不甘于做一名普通司机，用家庭的大部分财产购置了一辆中巴车开始从事客运业务，目前每月大约有7500埃镑的收入。妻子为了补贴家用，也开始开了一家服装店。虽然供儿女上学压力较大，但3个女儿都快高职毕业，整体生活欣欣向荣。跟中国的城市化进程一样，飙升的地价和房价使得埃及一部分拆迁户的生活有了很大的改善。一部分有想法的人注重置业，为以后的生活提供了较多保障，总体生活水平较高。

（二）访谈背景

埃及农民占用耕地建房问题突出。因为农民随意、非法地为自己的下一代建造新房，所以城市增长已经成为农田最主要的威胁。大部分埃及人一直住在尼罗河沿线富饶的延伸区，全国的产粮区占埃及总体面积的比例小于10%。2011年爆发的革命，推翻了穆巴拉克的长期统治，之后产生了一个安全真空区，很多地区大规模建造房屋。如今在没有得到政府允许的情况下，在农田上建造房屋会坐牢或是被罚款——但是建造活动依然没有停止。由于缺乏政府津贴和现代机械，穷困的农民只能做到收支平衡，他们只能在自己的土地上建造房屋或是一点点地卖掉土地，已别无他法。

2011年，对抗沙漠化和干旱的一份联合国报告将埃及列为丧失肥沃土地最快的国家。它表示每个小时埃及会丧失3.5英亩的土地——每年大约3万英亩。

访谈时间： 2015年7月17日

访谈地点： 穆罕默德的家里

访谈对象： 穆罕默德（简称穆）——男主人（尼尔曼父亲）

访 谈 人： 杨圣敏（简称杨） 张前进（简称张）

阿语翻译：马永亮（简称马）

记录整理：马彦　南燕　王海青

中文统稿：马永亮

（三）访谈情境

尼尔曼（穆罕默德之子）一家住在离地中海较远的市郊地区，该地区也是一个人口聚集区。下车之后，我们看到路边堆满了生活垃圾，气味难闻。穿过铁轨，我们来到一个居民区。跟其他居民区一样，该居民区公共设施总体较差，小区中都是土路。通过一个狭窄的楼梯，我们调研组和访学学生一同来到了四楼的尼尔曼家。

尼尔曼是亚历山大文学院人类学专业的一名学生，跟宁夏大学访学学生来往密切。在他的推荐下，我们对他的父亲进行了访谈。尼尔曼父亲 51 岁，皮肤偏黑，有阿拉伯人典型的卷头发，身着舒适的运动服。入座之后，我们开始了以下访谈。

（四）访谈内容

杨：非常抱歉，我们这么多人打扰你们，来的人太多了。

穆：不会，反而我们感到非常荣幸，这么多客人来我们家做客。

杨：我们此行的目的首先是到亚历山大看看我们宁夏大学的访学学生，此外我们想顺便到咱们埃及的老百姓家里看看，因为我们也非常想了解埃及百姓的真正生活是怎样的。这也是我第一次到埃及人家里做客。

穆：很高兴你们能来我家做客。

杨：你去过中国吗？

穆：没有。

杨：以后有机会到中国去，去我们这些人家里。

穆：以后有机会一定去。

杨：你是工人吗？

穆：我在亚历山大市内有一个小中巴，我也自己开。

杨：我以前也当过十年工人。您家里有几口人？

穆：我有 4 个孩子，再加上我和我的妻子，一共有 6 口人。我有 3 个女儿，1 个儿子。

杨：那个是你的大女儿吧？

穆：是的，她是尼努。

杨：你本人也就 40 多岁吧？

穆：我 51 岁了。

杨：看起来没那么大，你看起来很年轻。

穆：我结婚晚，31 岁才结婚。（大笑）

杨：你就是亚历山大市人吗？

穆：是的，我就是亚历山大市本地人。

杨：你的父母呢？

穆：我的母亲健在，父亲去世了。

杨：都在亚历山大市里吗？

穆：是的，我母亲跟我的兄弟在一起生活。这边我们有个大家族一起生活，但不在这个小区，离这里不远。

杨：那这就是你自己买的房子，你没有和家族一起住？

穆：是的。

杨：你母亲现在多大年纪了？

穆：72 岁了。我的岳母现在和我们一起住。

杨：那你买这么大的房子挺不容易的，这挺贵吧？

穆：不是很贵，对我来说买这套房子负担并不重。

杨：在北京买这样的房子，一般人都买不起。

外教：在北京买这样的房子一般人都买不起，一套房子价格超过百万。在这里呢？你花费了多少钱买这套房？

穆：大概 30 万埃镑吧。（合人民币 24 万元左右）

张：包括装修吗？

穆：是的。

马：那这个是全新的居民楼吧？

穆：是的，买的时候是新居民楼。但是装修费远远超过房子的价格，装修、设计、改造花费了很多钱。

杨：那你在做中巴司机以前做什么工作？

穆：1995年，就是20多年以前，我在一所著名的轮船公司做电工。我在海上工作了几年，但是因为海上有越来越多的轮船沉没事件，我觉得很危险，便放弃了这份工作。

杨：那你的电工技术是跟谁学的？电工需要很高的专业技术。

穆：我没有在学校学习过相关专业知识，也没有跟师傅学。都是自己慢慢积攒经验学的。

杨：那你当海员当了几年，海员以前是做什么的？也就是说，你大概20多岁的时候是做什么工作的？

穆：我第一个工作就是海员，我从学校毕业后就做了学徒，电工的学徒，然后就做了海员，我二十几岁的时候就做了海员。这段经历对我来说很重要，我能有现在的生活也很不容易。

杨：原来你父亲家里的生活条件应该挺好的吧？

穆：我父亲有6费丹的田地。他是一个农民，他也想让我种田，子承父业，继续种地。可是我不喜欢种田，我就自己去学电工，然后就当了海员，靠自己生活。

杨：那你父亲应该是种地的能手，地就在这里吗？

穆：离这里比较远，大概需要坐1个小时车，然后到耕地还需要走很长的路。我有一个果园，种橙子，还有另外一种水果（中国没有的品种）。如果你们想去那里的话，我可以带你们去。

杨：那你父亲去世以后，他生前所有的土地仍然归你们所有吗？

穆：是的，我虽然不种地，但是我父亲去世后把土地按固定资产分给了我和我的兄弟姐妹。我有9个兄弟姐妹。

杨： 那你的那份地现在谁在耕作？

穆： 我的兄弟姐妹们在帮着种。

杨： 你的那块地是在偏远的农村吧？

穆： 那里离这里 1 个小时车程，而且交通很不便利。

杨： 那你结婚以前，家里生活怎么样？你的太太是你父亲给你定的吗？

穆： 我父亲去世后，我自己选择的，我们是自由恋爱。

杨： 你父亲去世时，你还不满 20 岁吗？

穆： 我父亲是九十几岁去世的，我当时 20 多岁了。

杨： 那你妻子也是亚历山大市人吗？

穆： 是的，她也是亚历山大市人。

杨： 那你岳父岳母都在这个市吗？

穆： 是的。我的妻子也属于我们这个家族。

杨： 那就是说你们是亲戚。

穆： 是的。

杨： 在以前，埃及人的婚姻通常是在亲戚间联姻，现在改变了不少。

穆： 如果是一个很大的家族，仍然会选择近亲通婚，包括现在也是这样。原来这个地区只有七个大的家族，到现在不断繁衍，以前占的农田都盖了房子，人们走在路上也都互相不认识，也不知道他是哪个家族的，因为人太多了。

杨： 你那时候是当海员早还是结婚早？

穆： 我结婚的时候，已经放弃海员这份工作了，已经去做运输工作了。

杨： 那你住的这个地方原来都是农田吧，什么时候开始变成城镇的？

穆： 十年内开始变成城镇的，我买房子的时候不太贵，也就是 15 万埃镑吧。主要还是取决于地区，如果靠近海边地区，房价就会贵很多。

杨：那就是一平一两千埃镑。他本人是这里一个特别了不起的人，经历特别丰富。

穆：我放弃了轮船电工之后，给别人开中巴车开了六七年。我当时觉得自己非常适合开车，也喜欢这个职业，然后就卖了自己的一块地，但是不够买车的，我又跟妻子商量卖了她的陪嫁黄金，大约有半斤，凑钱买了一辆中巴车。

图 32　在亚历山大市郊一位居民家中调研

杨：你从你父亲那里继承了多少地？

穆：我父亲有 9 个孩子，父亲就按照伊斯兰教的教法规定，就是儿子的遗产是女儿的两倍，分了 9 份。

穆：我大约继承了半费丹的地。我买车的时候，卖了 1 吉塔尔的土地。（埃及 1 费丹一般分成 24 吉塔尔，一吉塔尔等于 175 平方米。）

瓦：2007 年 1 费丹是 15 万埃镑，现在已经涨到 100 万埃镑了。

张：就是说短短几年来，地贵了好多，几年就翻了几倍。

穆：2007 年买车和挂牌的时候都不贵，现在刚挂上牌照就已经涨到 16.5 万埃镑了。车本身也就 7 万埃镑。

瓦：这个牌照的钱，地区不一样，牌照费不一样。

杨：在结婚之前，太太家里的生活条件应该要好些。

穆：当时一样的。

杨：那当时你妻子也陪了很多嫁妆吗？

瓦：聘礼都是协商的，没有固定的标准。一般铺盖和电器都是女方的，其他都是男方要准备的。男方要给女方黄金饰品作为聘礼。

张：他这个房子是新房子，什么时候买的？

穆：2010 年买的。两个月前才装修好。

杨：以前在哪里住？

穆：装修前我们就住在这里，装修晚是因为没攒够钱。大女儿高三最后一年，光学费就花了一万七，另外两个女儿都在上职高，学费也很高。我的二女儿最近刚订婚。

杨：你结婚的时候，有房子吗？

穆：没有，在买房之前，就跟父母住在老房里面。

杨：为什么没有跟父母继续住下去？

穆：兄弟姐妹太多了，大家住在一起有很多不方便的地方，也会发生一些小矛盾。我经济条件好一些，就搬出来了。

杨：你结婚的时候，聘礼黄金就超过 1 斤？

穆：是的。1995 年结婚的时候，1 克黄金是 25 埃镑，到现在也涨到 300 埃镑了。所以说，如果现在我把那些黄金给我老婆的话，那价值就没法商量了。但是后面买车需要钱，就卖了一些黄金，但当时的决定是对的，不然也没有今天的好生活。

杨：黄金的价格也是根据国际黄金的价格变化的，都有一定的规律。

穆：现在最大的困难就是养家的负担重，女儿结婚要花 7 万多埃镑。

杨：女儿结婚，你要给买什么东西？

穆：要买的就是厨房的所有用具、家用电器、衣服、棉花、卧室的铺盖、地毯等。在埃及，我们还有一种互助模式，就是好朋友每人拿出一部分钱，如果其中有朋友需要用钱就先用，按时还回来后给其他需要的朋友用。这样也解决了很多人的经济困难。

张：我们那时候也有互助组就是这样的。

杨：中巴车一个月能挣多少钱？

穆：每天大约有 250 埃磅的纯收入。司机一个月 1200 埃镑，但是需要我跟司机两班倒，每人工作 10 个小时。更新中巴车手续，每年有 1000 埃镑的费用。

杨：司机每个月干多少天？

穆：看情况，如果司机累了，就可以休息，这些都可以协商。司机如果休息，我自己就要顶班去开车。

杨：你一个月收入是多少？

穆：每天纯收入是 250 埃镑，一个月 7500 埃镑。我每年换执照、交保险费能花掉 1000 埃镑左右。家里每天也有一二百埃镑的支出。

杨：那你一个月工作几天呢？有休息么？

穆：30 天，没有休息，司机们累了可以相互协商，没有固定的假期，因为没有工作就没钱花。基本是每天都工作，除了像今天一样过节才休息。

张：他这种情况跟我们宁夏一样，老板再雇一个人，然后两班倒。纯利润在宁夏一年也就是 7500 ~ 8000 左右。

杨：我们听你女儿说你妻子还开了一家服装店。

穆：感知安拉，为了改善生活，我的妻子开了家服装店，离这里很近，卖的很多衣服都是中国制造。这对于我们日常生活有很大的帮助。

杨：你们这里看病需要花钱吗？

穆：公立医院不花钱，但是医疗条件差。有些病需要去私人医院，但是花费很高。

杨：那你们不工作了之后，有退休保险金、退休保险吗？

穆：有，我自己是商业保险，自己买。公务员保险，政府系统会给交，但是个人交的比例大于政府所交比例，所以能拿到退休金的人很少。

杨：正常来说，拿到的退休金是原来工资的多少？

穆：是原来的25%～30%。

杨：一般公务员工资是多少？

穆：不同工作的工资有所区别，有的一个月1000埃镑，退休后养老金200埃镑左右，高级政府公务员4000埃镑左右。

杨：公务员工作很好，但是收入差距很大。

张：公务员工资一般没有这么高吧？我上次听说在穆巴拉克时期，为了解决就业问题，扩大了公务员人数，月薪都是200美金左右。

穆：亚历山大高于其他地方，也比以前要高，如果平均的话，公务员工资2500埃镑左右。

杨：这个地方农村变成城镇以后，以前的农民都做什么工作呢？

穆：把这边的田卖了以后，一部分人去了比较偏远的沙漠地区，用这些钱买了更多的地，因为那边地比较便宜；也有些人用这笔钱盖房子然后出租。

（这时他的二女儿和未婚夫进来打招呼，他二女儿在职业中学学习贸易。）

杨：你的二女儿还没有20岁吧？

穆：19岁。

杨：什么时候结婚呢？

穆：就在下一个斋月，也就是一年后。

杨：女婿是做什么的？

穆：女婿家是农民，他父亲有20费丹农田，家里有两辆运输用的货车。他的教育程度中等，上的也是职高之类的，也是我们七大家族之一。

杨：他俩是自由恋爱还是家长介绍的？

穆：我女儿去理发店理发，当时他妈妈在，他妈妈很喜欢我的女儿，然后就开始打听我们家基本情况。这就是我们七大家族的传统，我娶媳妇时也是我的母亲看的，一切都是安拉的安排。

张：也就是说，他们自由恋爱的比较少。

马：也不是，他们这是先通过父母认识，之后再进行接触的。

杨：你们这里离婚的人多吗？

穆：我们这里没有，因为一般都是家族内部通婚。

杨：女婿现在多少岁了？

穆：我也不知道，这得给我的女儿打电话问一下。（笑）

韩放：他就是这么热情，上次我就问他老婆是做什么的，他就让儿子带我到他老婆的店里去了。

（穆给女儿打电话。）

穆：他今年23了。

杨：你太太比你小多少岁呢？

穆：你们猜猜看，我在15岁的时候参加了我岳母的婚礼。16年后，娶了她的女儿。

杨：大了一倍啊，那你们这里女孩儿16岁就可以嫁人吗？

穆：在以前，只要女孩子发育成熟后可以持家、会干家务，都可以结婚。不过现在，我们国家的法律规定得年满18岁。

杨：那你自己怎么31岁才结婚呢？

穆：我有很多哥哥，等他们结婚以后才可以轮到我，而且在我们这里，女儿是要先结婚的。

杨：你不是家里最小的男孩吧？

穆：不是，还有比我小的弟弟。

张：我想问一下宗教这方面的，你们这里每年给清真寺出乜贴的支出是多少？

穆：埃及是不会散钱的，而且在出天课的时候，不是出给清真寺，是找穷人，把钱出给穷人。

张：每年的支出有多少？

穆：出天课不一定出钱，家里面有田有粮食，把农作物拿出来，给衣服或食物等。开斋节一个人 15 埃磅，出天课的钱是按每年家里剩余钱的 2.5% 来折算的。比如我一年收入 10 万埃磅，然后 10 万埃镑算 2.5% 。这样的 10 万是纯收入，如果盖房子要用钱，这钱如果用掉的话就不出，但你要不用存在银行里，这个钱就必须是 2.5% 折算出来，但折算出来不一定是钱，你可以给相等价值的农作物，米呀，面呀，可能会散给穷人。

张：那就是这些钱不是给清真寺的，直接给穷人。因为阿訇在这边是国家任命的，国家给发工资。

杨：我们国内的穆斯林大部分是给清真寺的，他们这里是不给清真寺的。

张：清真寺要建的时候，是谁负责呢？

穆：政府支持，但是主要靠百姓自己的捐款，这个没有任何的义务性。

张：有钱的人多捐一点，没钱的人捐得少一点。

穆：对的。一般清真寺会张贴广告，想捐钱的人就把钱直接打到公布的账户里就可以。而且伊斯兰教倡导，如果捐钱，最好的方式是匿名。如果捐给清真寺，你写某某捐了多少钱，这会影响捐钱的真正意义。你想捐多少就投多少。

张：那就和我们国内的募捐箱一样，最后是不留名的，我觉得这个是非常好的，真心的。

穆：是的。

杨：你们清真寺是怎样组织管理的？

穆：比如这边有个清真寺叫阿里·侯塞因清真寺，这个人并不是捐助者，是原来这个地方叫阿里·侯塞因。还有一个清真寺是几个人捐助的，但当时是由萨达特剪彩的，所以这个清真寺就以他的名字命名。

张：并不是说按谁捐的钱多，就用谁的名字命名。

穆：是的。

张：请问你们城市的管理体系是怎样的？最低一层是什么？

穆：不存在，比如城市排水问题包括任何的社区问题都是周边人自己商量的，没有任何的行政机构来管理。

杨：比如亚历山大市有市政府，政府除了进行治安管理、收税等，还有其他的义务。

穆：亚历山大省会分成好几个区，大约有 7 个以上的区，区就是最低的行政机构，以下就没有政府管理机构了。

杨：如果发生杀人、抢劫这种犯罪的事情，由谁来管理呢？

穆：我们报警就行了，这个区就有警察局。一个区至少有 4 个警察局。警察局是根据该地区的面积和人口来分布的。

杨：那交税呢？

穆：没有专门收税的，比如吃饭，餐费是 80 埃镑，餐厅是 12% 的税，你在吃饭的时候就交给餐厅了。

杨：那餐厅是怎么处理税的？

穆：就是交到区政府那里。

杨：那一片居民区如果有什么事情，大家是怎样临时决定的，是选代表，还是选一个管理委员会？

穆：小事情个人解决，大事情国家解决，比如交水费，除了水费，还有工程的维修费，这些都是政府承担。

杨：有类似中国居委会的组织吗？

穆：有呢，一般是比如说最早住在这里的老者，如果有什么事，大家都会去问他，这个人会出面调解。现在这种情况很少，一般断水断电的话，每个区都有相关的热线，打电话就能解决。

杨：那你们这里的垃圾谁管呢？

穆：垃圾问题是社区解决的，每个店铺都会交 3 埃磅的清洁费。这个还是由区政府下设的部门管，但这些部门一般不太尽责。如果垃圾回收利用，还是能创造财富的，但现在的主要问题是从治理到回收的再利用都没有人管理。

杨：比如在中国吧，有的居民区，每个楼都有一个负责的人，有一片几个楼就有一个委员会。

穆：也有类似的，但是没有用，主要是清洁工拿工资不干活。每个区最多的实际上就是清洁工，但是清洁工不干活。

杨：也就是说有居委会的组织，但是它们没有履行应尽的职责。

穆：我们区长也特别重视垃圾问题。有一次区长来给一个项目剪彩，看见垃圾堆到处都是，就对本地领导说你回家休息去吧，再别干了。以前还有一个法国公司，专门承包了垃圾清洁工作，使亚历山大连个纸片都找不到。但是政府不断地更换，最后接回了清洁工作，可是政府接过来又什么也不做，现在就成这样了。我当时想去法国清洁公司工作，每月工资3000埃镑左右，可是没有实现。

张：在你看来，最贫穷的阶层是否就是农民阶层？

穆：农民不一定，农民最起码能保持温饱，但是有些人连温饱都解决不了。最穷的阶层就是不会种田也没法工作的人。

张：也就是说，有地的人要比在城市里没有工作的人强得多？

穆：打工者不如农民，农民最起码每年都会有一定的收入。就是靠手艺生活的这些人最穷，因为他们是按天收入的，没有收入就没有生活来源。

张：那这些人主要是城镇居民，是吧？

穆：到处都有，整个埃及都有。

杨：你们这批从农村迁入城市的人的生活水平比一般市民好一点是吧？

穆：我现在还有田，我的生活水平还可以。城市化进程把很多田占了，耕地在减少，楼房在增多。

张：另外我想再问你，在你所经历的历届政府中，你们最怀念什么时代的社会？

穆：萨塔特时代。那时候物价各方面都很低，10埃磅一个月的生活费就够了。

杨：除了物价低，还有什么好处？

穆：大家都有工作，经济条件比较好。现在竞争太激烈了，因为人口越来越集中，钱也起来越难挣。

张：最后我想谈个轻松的问题，你们作为平常老百姓，是不是也对政治挺关心，对美国、以色列怎么看？

穆：这是个很大的问题，美国是世界的敌人，以色列就是美国的右手。我不太想谈这些事情。

张：你方便留个联系方式吗？然后我们一起照个相好吗？

穆：可以，和我的全家一起。

（访谈后，我们跟他们合影。）

（五）访谈小结

埃及人口的快速增长也加快了其城镇化进程。许多地区的农村变成城镇，一些农民放弃了种地为生的传统生活模式，卖地建房，投入城市谋生行业中。本次访谈的主人就是埃及城镇化进程中的典型代表。为了谋求更好的生活，他卖掉了自己的部分耕地，购买中巴车从事客运业务。随着埃及政府的频繁更迭和埃及土地可自由买卖的法律规定，埃及城市化进程正在迅速蚕噬埃及肥沃的耕地，对其城市规划和耕地保护造成严重挑战。

十四　家庭妇女访谈录：女性婚姻及子女教育调研

（一）访谈目的

这是对埃及亚历山大市郊一户家庭的女性成员的访谈。采访对象是一名家庭主妇，名叫吉林娜。她 16 岁结婚，育有三女一男，所受的教育较少，但虔信宗教，推崇《古兰经》，可从她所穿着的黑色的、仅露出双眼的服饰窥见一斑。而她的 3 个女儿，青春活泼，除带着花色头巾外，穿着与其他埃及姑娘无异，都是长袖 T 恤、牛仔裤等，十分休闲。

本次访谈主要了解了埃及当代不同年龄阶段的女性对婚姻、教育、就业等的看法。

（二）访谈背景

现代以来，埃及妇女在教育、就业、参政和健康方面的状况有较大程度改观：女子入学率、识字率不断提高，女大学生所学专业日益广泛；妇女就业率增长，就业领域拓宽；妇女参政比例呈上升趋势；生育率、孕产妇死亡率日渐下降；妇女预期寿命逐步延长。但埃及妇女在发展过程中依然存在文盲率、失学率、失业率较高，参政比例较低的现象。当代埃及的女性教育进入高速发展期，女性在教育的各个阶段都可与男性平分秋色。进入 21 世纪以来，埃及高校无论是学生总数、女性入学人数还是女毕业生数量，均呈现持续增长趋势，在 2010～2011 年度，埃及高等教育阶段女性在校人数已经超过男性，女毕业生的比例甚至达到 56.76%。

访谈时间： 2015 年 7 月 17 日下午

访谈地点： 亚历山大市郊一户家庭

访谈对象： 吉林娜（女主人，简称吉）　尼尔曼（大女儿，简称尼）

访 谈 人： 白楠（简称白）　周丽娅（简称周）

记录整理： 白楠　白雪梅

中文统稿： 白楠

（三）访谈情境

2015 年 7 月 17 日，调研组完成巴斯拉格村的调研采访后，于下午在宁夏大学 5 名赴亚历山大大学访学学生的陪同下，驱车前往亚历山大市郊尼尔曼家进行了访谈。尼尔曼家所在的小区楼间距较窄，两边一楼都是水果店、杂货铺等小商铺。小区楼层普遍较高，住户密集，街道两边堆积了较多生活垃圾。

尼尔曼家的楼道狭窄，没有照明，光线十分晦暗。有几户人家房门敞开，里面的住户看到我们上楼，冲我们露出了友好的笑容。男主人——尼尔曼的父亲前来迎客，他中等个头，穿深蓝T恤，十分热情地请我们就座。女主人吉林娜身着最保守的黑色长袍，仅露出双眼，但她用手势表达了她对调研组一行的好客。女主人家装修得富丽堂皇，壁纸鲜艳，彩灯斑斓。后来在交谈中听学生们说，吉林娜的女儿尼尔曼曾经请他们来家里唱歌。按照事先调研安排，调研组女老师和吉林娜、尼尔曼来到卧室。由于男士都在外面，所以吉林娜摘下面罩，开始与我们交谈。

图33 调研组女成员与家庭女性成员合影

（四）访谈内容

白：我们今天来了这么多人，真是打扰你们了。

吉：你们的学生和我家孩子是同学，非常欢迎你们来我们家做客。尼尔曼过生日时，邀请了很多中国同学到我家，孩子们玩得很开心。

白：真是感谢你们的盛情款待。我们的学生远离祖国求学，在埃及时间长了也难免想家，你们让他们感觉到了家的温暖。我们的学生以前在国内只是学习阿拉伯语，现在来到这里，真真切切地看到了阿拉伯世界，接触到了阿拉伯人，对他们学习阿拉伯语和阿拉伯文化大有帮助。我们从前了解阿拉伯世界只是通过书本，很多的材料都是来自英文，不一定准确全面。这回我们亲眼看到了埃及社会，感觉很亲切。

尼（端进来芬达饮料招待我们）：天热，来点饮料吧。对呀，你们应该来了解真实的阿拉伯社会。现在很多研究是西方人做的，他们有自己的立场，介绍得不一定准确。

（白按：阿拉伯人对西方政治文化持有批判性的态度，这是一个普遍现象。）

白：谢谢你，尼尔曼。来之前他们跟我说起你，说你学业很出色。

吉：来来，别客气，喝饮料。

白：谢谢。孩子们上学了，您在家平时都忙些什么？

吉：平常也就做做家务，辅导孩子功课。孩子们学习之余，也会帮我做点事情。你们学生来这里我也高兴，他们在学业上都能互相帮助。

白：我们的学生说尼尔曼经常帮助他们，人特别好。

尼：对，我们大家经常一起交流，一起学习，很合得来。

白：你们姐妹三个都上大学了吗？

尼：我上大学一年级，老二明年上大学，老三后年上大学。

白：中国的大学不好考，你们呢？高考难吗？

尼：我们考大学主要依据高三的学习成绩。如果想进入相关的专业，比如想学医，就要提前学习相关的课程，或者申报预科，提前培养从医的能力。学艺术的话，也得提前学习与艺术相关的课程，需要花钱。但是我家财力有限，所以就选择人文专业，相对容易一些。

白：你喜欢人文专业吗？

尼：学文科时间会比较宽裕，学理科太累。我自己很喜欢艺术，爱画画，可是目前只能当作业余爱好。

白：学费很贵吗？

尼：埃及全民教育是免费的，我们只要付基本的书本费。我放学回家，不住宿舍。家不在亚历山大的学生住宿舍的话，就要交住宿费了。

白：现在中国女生上大学的比例都超过男生了，埃及呢？

尼：现在埃及女生接受高等教育的也很多啊，有些女孩子还上研究生啊什么的。

白：那你如果读研的话，妈妈会不会同意呢？是不是着急给你找婆家呢？（笑着转向一直旁听的吉林娜）

吉：对，女孩子就是有个结婚的问题。有些姑娘因为上学，所以结婚比较晚。要是女儿上学期间遇到合适的小伙子，也可以先结婚嘛。真的，如果是特别优秀的男孩子，要尽早定下来。（大家笑）结了婚，再接着读书，如果怀孕了，可以先休学回家生孩子，这样什么都不耽误嘛。

（白按：埃及目前接受高等教育的女生比例已与男生大体持平，但女生同时面临着更大的无法就业的风险，因此她们有时会优先考虑婚姻问题。对于这一点，父母、子女基本能达成共识。）

白：您什么时候结的婚？

吉：我16岁结婚，生尼尔曼时17岁，18岁生了老二，19岁生了第三个孩子。我现在36岁了，老大19岁零1个月。

白：呀，那您比我还小呢。

吉：是吗？（说着取下了头巾，露出染成金色的短发，这一来显得非常年轻）那您多大了？

白：我都38岁了，才1个孩子。您才36岁，3个女儿都已长大成人，真是硕果累累啊。对了，尼尔曼现在考虑结婚的问题吗？

尼：如果能遇到一个年龄差不多、受过高等教育的男孩子，条件不错，人品很好，就考虑结婚。

吉：希望她足够成熟，有自己理智的头脑，用心选择自己的生活，不要结了婚再后悔。我当年结婚时，是现在的丈夫上门向我父亲提的亲。他是邻居介绍的，我们见了一次面，双方都觉得很满意，就商议定亲了。我16岁就结婚了，结婚时穿白礼服，戴戒指，打扮得漂漂亮亮的。

白：结婚前，男女双方可以见面吗？

吉：可以见，就是互相看一下长什么样子。（笑）婚后我就戴上面纱了，自己也觉得很舒服，做礼拜时心里特别安宁。我们戴面纱不是被强迫的。可现在有人戴着面纱作恶，所以人们对戴面纱总有些偏见。我觉得不要以穿着打扮去判断一个人，关键要看他的内心。

白：您父亲有几个孩子？

吉：两个女儿。

白：您 16 岁结婚，您妹妹多大结的婚？

吉：她当时正在上学，所以结婚晚，26 岁才嫁人。她想找个情投意合、说得来的、受教育程度相当的男孩，最后也算如愿以偿。婚后她就不工作了，专心相夫教子。虽然她只生了 1 个孩子，现在 4 岁，但她过得很滋润。

白：那您结婚的时候，是在读初中吗？

吉：我没有上过学，为此一直挺失落的。我热爱《古兰经》，并竭尽全力学着朗读，我现已会读很多章节。

白：您没有上过学，可您的标准语说得很好呀。

吉：标准语是《古兰经》的语言，跟您说话的时候，我尽量依循着《古兰经》的行文风格来说。《古兰经》是阿拉伯语的典范，我们阿拉伯人应该竭尽所能传承它的用语精髓。

白：您真的非常善于学习。

吉：后来我也尝试学习小学和初中的内容，但因为第四个孩子的出生，我的学习中断了。

（白按：吉林娜的文化程度较低，做一点儿小买卖，但看得出来不是很上心。她比较敏感，也不是很自信。出于女性的自尊心，她会把情况说得更令人满意一些，有很强的自我辩护意识。所以我们尽量婉转地交谈，像是拉家常的样子。）

白：您现在的谈吐智慧，一点也不比受过学校教育的差呀。对了，刚提到您的时装店离这儿不远，租金贵吗？

吉：时装店约有 15 平方米，租金 1 个月 352 埃镑。

白：您的时装店是自己打理，还是雇人呢？

吉：我比较喜欢自己打理。

白：那您也自己进货吗？

吉：是呀，我和丈夫一块儿去进货，在开罗附近的凡塔尔城。我喜欢挑选漂亮的服饰，中意的就留下来自己穿。我们通常当天去当天回。

白：那您一般什么时候去店里？

吉：每天早上，我会先准备丈夫和孩子们的早饭，把他们送出门后，我就去市场采购，之后打扫卫生，准备午饭。接下来如果有时间，我就去店里。

白：您希望自己的女儿今后自力更生？还是当全职太太？

吉：我还是希望她能够专心顾家。当然，要是她的视野更广，有志向和想法，想要有自己的工作和事业，我也不会干涉她的。

白：那现在您家里谁做主？

吉：大家共同商量，谁更了解情况，谁做主。

周：你妈妈结婚时花费大吗？

尼：当时 100 平方米房子的价格大概 20 万埃镑左右，包括所有的装修、家具等等。家里现在住的房子 165 平方米，是 11 万埃镑买的。订婚还要给未婚妻买金饰，我妹妹订婚时花了 14000 埃镑买首饰，这样结婚时就不用再买了。

（白按：2016 年埃及房价又开始上扬。）

周：你们的嫁妆一般是多少钱？

尼：嫁妆最少在 3 万埃镑左右，多的有十几万的，条件差的就少一点。

周：你是不是也喜事临近啦？

吉：有很多人给她提亲，律师啊、学生啊，还有商人什么的。律师职业好，收入丰厚。几十个上门提亲的呢，但她年龄还不到，最主要来提亲的人中没有觉得特别合适的。

周：也是，先立业再成家吧。你现在学的专业好找工作吗？

尼：这个专业在埃及不好找工作，但我可以上网看看中国有什么对口的工作。

周：对呀，欢迎你，欢迎你毕业后去我们那里。你想不想去中国学习？

尼：想去，但是花费较大。

周：你妈妈现在戴面纱，你结婚后会不会也戴面纱？

尼：年龄大了一般都会选择戴面纱，但我可能不会。因为戴头巾是穆斯林女性的义务，但戴面纱不是。

周：中国穆斯林中大部分属于逊尼派，你们这里也是吗？

尼：埃及穆斯林大部分是逊尼派，也有一些什叶派，人数不多。还有一些基督徒。

周：埃及有萨拉非派吗？

尼：埃及有个光明派，属于萨拉非派。

周：那他们基督徒主要从事什么职业？

尼：主要是经商吧，其他的职业和穆斯林好像也没多大区别。

周：埃及基督徒工作好找不好找？是不是不如穆斯林？

尼：找工作并不看你是不是穆斯林，而是依据你的文凭、能力和一些具体情况。

周：塞西执政一年了，埃及人的生活变化大吗？

尼：前总统穆尔西人很好，也是穆斯林。我喜欢穆尔西，但是穆尔西不知道如何去统治这个国家。现总统塞西就知道如何使用自己的权力去治理国家。我们老百姓不管总统是谁，只需要有个稳定的社会环境。塞西执政到现在，埃及大部分地区是稳定的，除了西奈半岛。

周：对，现在生活条件也改善了，家里平常给你多少零花钱？

尼：每天大概 20 埃镑吧，衣服都是自己做的。

周：埃及社会中，像你妈妈这样自己挣钱自己花的女性多不多？

尼：不多的，我妈妈很能干。我自己必要时也会挣钱贴补家用。

白：今天打扰你们这么长时间，真是不好意思。

吉：你们是来自中国的贵客，感到荣幸的是我们呀。希望你们学生今后能经常来玩，我们很欢迎，年轻人在一起真的都特别开心。

白：也欢迎您和尼尔曼她们以后到中国来玩，我们宁夏吃住都非常方便。

吉：有机会的话，尼尔曼会去的，先谢谢你们了。

（五）访谈小结

这次访谈，让我们看到了埃及一个家境较殷实的市民家庭中，两代女性的不同成长历程。母亲吉林娜 16 岁即结婚成家，也自始至终未接受过系统的学校教育，后来一直在家做全职主妇。但由于家庭状况较好，她另外开了一家小服装店，所以在三个女儿长大成人之后，还能打理小买卖以贴补家用，并与社会保持着一定程度上的接触，不至于十分封闭。所以较之其他腼腆保守的埃及家庭妇女来讲，她相对健谈。但其打理店铺更多属于消磨时光之举，而且她嗜好甜食，腿部静脉曲张很严重，已影响生活质量。她的自控能力、自立意志和深入社会的程度与埃及现代职场上的职业女性相比，还有很大差距。

吉林娜的大女儿尼尔曼，无论是仪表、谈吐还是思想，都极富埃及现代年轻女性的典型性。她们受过高等教育，思维比较独立，宗教观也不像长辈那样保守。尤为可贵的是，父母也会在这方面给她们一定的自由度，说明现代社会的发展对宗教观上有潜移默化、移风易俗的影响。埃及现代女性希望自食其力，有工作和社会地位，把握自己的命运。同时，像所有的年轻女性一样，她们对未来的伴侣及婚姻充满了美好的憧憬。但是埃及社会民生发展态势仍然不够稳定，在青年失业潮冲击下，女性就业情况更是不容乐观。一旦在学业进阶或就业中遇挫，她们还是会缩回传统观念中去，祈求一个如意郎君能够满足她们对未来的所有期冀。

十五　学生访谈录：城市穆斯林女性婚恋观调研

（一）访谈目的

这是对亚历山大市郊家庭的 2 位穆斯林女性青年进行的访谈：一位是刚完成高中阶段教育的高中生，一位是在亚历山大大学文学院人类学系上本科的大学生。我们的访谈目的是重点了解城市穆斯林女性青年的婚恋观、教育观和就业观，以期了解埃及社会普通家庭女性对婚恋、教育和就业是如何认识的。

（二）访谈背景

18 世纪到 19 世纪末，研究妇女问题的埃及学者普遍认为阿拉伯民族落后的原因是科学文化的落后，向西方学习可以使埃及摆脱落后的面貌。因此，学者们把教育看作埃及民族复兴的重要途径，将妇女教育作为妇女研究的主要内容。当时，埃及社会不平等的两性关系遭到批判，女性接受教育的权利逐渐被社会接受，女性教育对推动埃及民族复兴起到一定作用。20 世纪以来，除了教育权以外，埃及女性在婚姻、工作、参政等方面的权利亦备受女性研究学者关注。学者力图建构埃及女性的社会职能。学界自上而下的女性研究对埃及女性接受现代化教育的权利起到一定保障作用。然而，受教育女性群体，尤其是 16 ~ 20 岁的穆斯林女性对现代教育的态度并没有得到学术界的广泛关注。埃及 16 ~ 20 岁穆斯林女性在现代教育面前集体失语（muted）的问题十分突出。为此，我们对埃及 16 ~ 20 岁穆斯林女性进行了访谈，重点了解她们对现代教育的态度。

访谈时间： 2015 年 7 月 17 日下午

访谈地点： 埃及亚历山大市蒙塔扎宫皇家园林附近一居民区

访谈对象： 高中毕业生艾雅（简称艾）　亚历山大大学文学院学生尼尔曼（简称尼）

访 谈 人： 姜克银（简称姜）

记录整理： 姜克银

中文统稿： 姜克银　张前进

（三）访谈情境

2015 年 7 月 17 日，调研组完成巴斯拉格村的调研采访后，下午在宁夏大学 5 名赴亚历山大大学访学学生的陪同下，驱车前往亚历山大市郊 2 名穆斯林女学生家里进行了访谈。调研车辆停在铁道道路旁边。在调研组成员穿过铁道步行前往受访家庭的街道上，随处可以看到装袋或没有装袋的垃圾，估计是临时垃圾集散点，周边环境污染严重。进入受访家庭小区后，相对整洁很多，但小区街道仍是土路，没有硬化。进入受访者家里，却是另外一番景象。受访家庭装修考究，既体现了现代化特色，又蕴含了伊斯兰传统风格。每个房间都干净整洁、十分舒适。受访女性穿着碎花及地长袍，外面穿短款牛仔上衣。被访家庭共有 6 口人，当时在家的成员有 4 人，分别是父亲、母亲以及大女儿、二女儿。小女儿和小儿子不在家。由于客厅容量有限，调研组临时分成了三组：第一组（4 人）对父亲进行访谈；第二组（3 人）对母亲和大女儿进行访谈；第三组（2 人）对二女儿进行访谈。由于大女儿时常在三个访谈组之间服务茶点，因此，大女儿同时参与了第三组的访谈。

（四）访谈内容

姜： 你今年多大了？在哪里读书？

艾： 我今年 19 岁了，刚参加完高考。我读了三年高中，如果成绩好，我想上比较好的大学；如果成绩不理想，我想去类似于商学院的职业技术学院上学。除了学习，我平时还帮妈妈干家务，比如打扫房间、做饭等。我们家有 4 个兄弟姐妹，我是老二，有一个姐姐、一个妹妹，弟弟最小。

（姜按：埃及教育制度体系与中国基本相似，高中结束后参加大学入学考试。成绩理想就上国家教育部直属大学。成绩不理想，可以上职业技术院校。可见，埃及社会对于女性穆斯林的教育比较重视。）

姜：你有男朋友吗？

艾：有。我 6 天后就要订婚了。我和未婚夫是 10 个月前认识的，当时我们在大街上相遇，有一种“一见钟情”的感觉。我很喜欢他，后来主动向他表白了。未婚夫高中毕业，现在是一个水果经销商，主要做水果进出口生意。

（姜按：在埃及的女性穆斯林，19 岁就可以订婚。订婚后继续接受教育的现象十分普遍。在这种情况下，女性具有学生和未婚妻的双重身份。埃及的婚恋观念与中国传统观念中的“父母之命，媒妁之言”类似，但从这次访谈中可以看到，埃及年青一代，特别是女性的婚恋观也逐步在开放。）

姜：能说说你们当时相识的情景吗？埃及女孩都像你一样化妆吗？

艾：他身高 1.79 米，长得很帅气。我和他第一次见面时，他上身穿黄色的花格衬衣，下身穿蓝黑牛仔裤。当时我就穿着类似于今天这样的衣服。我两年前开始自己学着化妆。我们这里的女孩都从 17 岁就开始化妆，有的更早。

（姜按：埃及女孩不像我们想象的那么拘泥，她们有时会大胆地表达自己的爱慕之心，有较为独立的择偶观念。在着装及打扮方面，她们有自己的想法，可见她们也追逐潮流，注重妆容。尤其是 17 岁开始化妆，说明埃及城镇穆斯林女性青年认同化妆的审美。穆斯林女性青年思想观念开放、自主，不拘泥于传统教义。）

姜：父母对你们这样的化妆打扮认同吗？化妆打扮会影响你们学习吗？你和男友经常在一起吗？

艾：父母也认为化妆打扮会影响学习，但是我认为这是我的自由。

我们经常和父母因为这些事情发生矛盾。父母经常用传统观念教育我们这样、那样，但是我还有自己的一些想法。认识男友后，我们不是每天都见面，但是感情很好。但我可以告诉你，婚前我们不会同居，至于其他同龄人是不是这样，我不好说。我还认为婚前接吻也不合适，到现在为止，我们之间甚至还没有拉过手。在我们这个城郊地区，很少见恋爱男女在公共场合发生亲密行为。

（姜按：在现代埃及家庭中，女性重视追求自己的权利与自由，不会完全遵从父母的说教，不墨守成规，而是遵从自我的本心，看待问题有自己独立的见解认识，不再盲目听从。很多青年女性并不支持婚前接吻、同居和过于亲密的行为，这与宗教信仰、传统观念、道德约束有着紧密关联。）

姜：你订婚和结婚都穿什么服装？

艾：订婚的时候，我会化妆，穿粉红色的西式婚纱，但我还是会戴头巾，戴手套，不会露出自己的羞体。礼服一般都是租的，用完后还要还回去。结婚的时候，我穿白色的婚纱，男士都穿黑色的西装。订婚的时候，是女方招待宾客，男方付钱，但是结婚的时候，男方给女方10万埃镑聘礼，让女方自己买东西。结婚的戒指和手镯是男方婚礼时要准备的，另外男方还负责买房子和装修。女方家里主要买窗帘、地毯、厨房用具。

（姜按：埃及穆斯林女性结婚时的妆容、衣着打扮都受到西方潮流的影响，但同时保留了自己的传统，比如戴头巾、戴手套、不露羞体。“租婚纱”体现出埃及普遍的家庭经济现状或是理财观念。在订婚和结婚的各项准备环节中，男女双方都有所承担。男方买房装修、准备彩礼，女方购置家具、陪嫁物品等，这样的婚俗习惯在当地具有普遍性和共通性，与中国传统有相似之处。）

姜：你父亲是干什么工作的？他平时给你们零花钱吗？

艾：我父亲最早是船员，但是因为海上事故较多，后来改行买了一辆小中巴车跑出租。出租行业还不错，父亲一年能赚10万多埃镑，每个月都给我们兄弟姐妹零用钱，给姐姐的最多，每月 800 埃镑；我每月 700 埃镑；妹妹每月 350 埃镑；弟弟每月 250 埃镑。我的钱主要用于购买图书和交通费，剩余的就买衣服和饰品。

（姜按：埃及社会以男性在外工作为主，承担养家糊口的责任，这与埃及社会“男主外，女主内”传统相符。在零用钱的分配上，父母根据子女教育水平和年龄从高到低依次分配。）

姜：你父母生了你弟弟后就不要孩子了，是因为生了儿子的原因吗？

艾：我父母的确想要男孩，所以生了三个女孩后又要了个男孩。后来我们姐妹三个都认为孩子多负担重，都不想让我母亲再生了。但是我父母对我们四个都很好，一视同仁。

（姜按：埃及家庭重男轻女的思想在长辈中依然存在，但父母对子女平等对待。子女的见解一定程度上会影响家长，不再是父权式的家庭关系。）

姜：你家装修得很漂亮，花了不少钱吧？

艾：家里装修大概花了 10 万埃镑，但不是一次性装修完的，是分几次。每逢重要节日，家里还要进行一些装饰。我们这里大多数有钱人是商人，因为商人赚钱较多，比如说这里做水果出口生意的商人就很多，我们家庭在这里属于中等收入家庭。

（姜按：埃及普通家庭对房屋的装修很重视，分几次装修，也说明普通家庭装修房子的不易；同时每逢重要节日还要对房子做一些节日装饰，说明老百姓对传统节日的重视。）

姜：你们这里主要出产什么水果？

艾：橙子。

（姜按：该片区以出口橙子生意为主，且商人居多，说明该片区以出口水果贸易为特色，形成了区域优势。）

（谈话期间，艾雅的姐姐尼尔曼进来送茶点，于是我们对尼尔曼进行了访谈。）

图 34　宁夏大学访学学生在一位埃及居民家中调研

尼：妹妹订婚，我父母把家里装修得很漂亮。

姜：你结婚的时候，你父母会不会把房子重新装修？

尼：现在已经装修得很好了，应该没有什么可以再装修的了。不过妹妹比我早结婚也很自然。我不担心自己的婚事，我也会有我的男朋友。其实我高二就订过婚，但是我不喜欢那个男孩。相处了两个月，我就和他分手了。

（姜按：姐姐不担心婚事，也不在乎妹妹比她先结婚，说明她不受传统思想观念的约束。姐姐订婚又退婚，说明她思想开放，追求恋爱自由，父母也很尊重她的意愿。“高二就订婚”，比当下中国大多数青年订婚的年龄早很多。）

姜：你妹妹没有完成学业就要结婚，如果上学期间生了孩子怎么完成学业？

尼：在埃及，生了孩子再继续上学的人很多，也有人为了照顾孩子和家人辍学。我认为女孩子学历高一点，社会地位也会高一些。目前我们这里，男孩子大多上到高中就不读书了。主要有三个原因：一是男孩子的父母如有一方去世，他必须辍学帮家里赚钱养家；二是男孩子不喜欢学习，不想上学；三是女孩比男孩多，男孩想早点结婚，早点选一个好的对象。

（姜按：在埃及社会，男孩高中毕业后就工作的现象十分普遍，多是为了赚钱养家糊口、结婚。穆斯林女性青年婚后继续接受教育，甚至携子上学的现象具有普遍性，但她们必须承担相应的家庭责任和义务。）

姜：你们家庭很幸福，父母关系也很好吧？

尼尔：对，我们家庭很幸福，父母关系也好，很少发生口角。因为父亲比母亲大16岁，但父母有矛盾的时候，一般母亲比较包容，保持沉默。我也认为男朋友可以比我年龄大，因为年龄大了更会疼人，但不能大过5岁，如果年龄太大，我也不喜欢。

（姜按：埃及家庭也注重家庭和睦，“母亲保持沉默”，说明话语权仍然小于父亲，或是在母亲思想深处，“顺从父亲”的观念依旧存在。姐姐选择对象的年龄标准受父母的影响，但同时有自己的主见。）

姜：你认为你们家的经济条件怎么样？

尼：我认为我们家算是中上等收入家庭。除了爸爸跑出租，妈妈也为家里赚钱。她租了一个摊位，主要卖服装，摊位租金每月310埃镑，也能赚一点补贴家用。

（姜按：可以看出这个家庭的观念较为开放，也说明部分埃及妇女在条件具备的情况下，也愿意外出工作，贴补家用，提高家庭水平。）

姜：能带我参观一下你们家吗？

尼：当然可以。

（姜按：允许客人参观家里环境，可见埃及家庭热情好客。）

（五）访谈小结

在埃及，城市穆斯林女性青年接受了十几年现代化教育，也认同部分西方现代婚姻观。她们虽接受恋爱自由的观念，但是在实际恋爱和婚姻过程中，依然受传统观念的影响和束缚。从这个家庭可以看出，埃及普通家庭对女性的教育还是很重视的。这从一个侧面也可以说明埃及政府多年来加强了女性教育，“重男轻女”的思想也在逐渐淡化。同时，受传统观念的影响，女性早结婚、早生子的观念还比较普遍，这对充分发挥女性在社会经济建设中的作用产生一定影响。另外，我们也看到很多埃及女性愿意走出家庭，走向社会，为提高家庭生活水平谋职就业。

十六　务工农民访谈录：工作及收入情况调研

（一）访谈目的

这是在埃及亚历山大省农村对一位电工的访谈。这位电工家在乡下，每周去市内建筑公司上班5天，周末回家。他在这家公司供职已达17年之久。我们希望通过这次访谈，了解埃及农村中无地或少地农民的生活现状。他家里地很少，几乎不务农，家人在村里开了一个小卖部。从访谈中，我们了解到埃及农村普通少地农民的生活现状。这位电工颇具典型性，他长期在城里工作，辗转于城乡之间，基本能够维持一家人的温饱。

（二）访谈背景

进入20世纪80年代后，埃及农民与地主之间的地权纠纷时常发生，90年代以来愈演愈烈。主要因为，一是尼罗河三角洲发现石油资源，二是埃及的工业化和城市化进程明显加快，三是农村经济出现产业化带动的规模种植业和规模养殖业，形成了对土地集中的客观需求。随着土地价值升高，纳赛尔时期“土改运动”中被迫出让土地的地主后代开始通过法院“依法”收回地权。地主后代向法院起诉时，大都能够提供前辈留存下来的“土改”前的地权证明文件；而多数农民继承了参加“土改”的父辈的土地，他们完全没有准备应对诉讼的法律文件，何况很多是文盲，即使有文件也看不懂。这便导致法院以“依法”

判决农民必须交出土地，甚至连国地面上农民的“非法”建筑——农宅也得无偿交出。凡此种种，使一批农民成为无地、无宅、无业的贫困及绝对贫困人口，部分农民转而另辟就业出路，在城乡二元结构体制下求生。

访谈时间： 2015 年 7 月 19 日中午 12 点

访谈地点： 埃及布哈拉省萨杜拉斯村

访谈对象： 埃及布哈拉省萨杜拉斯村建筑工人鲁格曼（简称鲁）

访 谈 人： 杨圣敏（简称杨） 张前进（简称张）

瓦格迪（简称瓦） 梁向明 王晓丽（简称王）

白楠 周丽娅

阿语翻译： 马永亮 瓦格迪

记录整理： 白楠 白雪梅 孙云青 韩放 罗雪

中文统稿： 白楠 张前进 姜克银 马永亮

（三）访谈情境

2015 年 7 月 19 日中午，调研组结束了对萨杜拉斯村村长的访谈后，沿着一条土路，行走在村头乡间。两边皆是农户，这应该就是村里的主路了。路边有条小水沟，和其他村落一样，垃圾随处可见。村子中间有个自制的简陋的秋千，孩子们在上面荡来荡去地玩耍。村里的孩子们前呼后拥，随着我们一起向前走去。妇女抱着孩子，也站在路旁好奇地打量我们，大部分身着长袍，戴头巾，有的戴着面纱，裹得严严实实。想来这里少有外人来访，尤其是像我们这样的外国人。

有些大人也跟着我们向前走去，多是些身着长袍、面色黝黑的乡下汉子。他们可能是比较腼腆，并不说什么话，但非常乐意与我们合影。时值正午，骄阳正烈，其中有个身着灰色长衫、身形偏瘦的中年人，递过来几瓶饮料，示意我们饮用。于是我们和他聊起来，随他来到了家里。

他家是这个村子里常见的那种二层自建小楼房，院里的平房养着鸡鸭。主人收拾出一个比较宽敞的底楼房间，引我们进去席地而坐。还有些村民也脱了鞋进来同坐，包括刚才我们在村长家访谈过的小学教师和一路陪同我们的埃及内政部警察。门口吵吵嚷嚷地围着些孩子。屋内陈设简单，有个陈旧的小电视，墙壁是没有粉刷的水泥墙，比较简陋。

图 35　在农户院中与农民和农家孩子们合影

（四）访谈内容

瓦：您好，我们来自中国的宁夏大学，有幸到您家做客，谢谢你们。

鲁：很荣幸中国的贵客来我家，欢迎欢迎，请坐。

杨：这个小卖部是您的吧？

鲁：是的。

杨：我们采访结束后，可以在这儿买点东西么？

鲁：当然可以了，小店欢迎光临。

张：您是搞建筑的吗？

鲁： 我是建筑公司的电工，家人在村里开了一个小卖部。

杨： 你们这儿的房子过去都不是这样吧，应该是土坯房吧？

鲁： 以前都是土坯房，自从这里有了水泥，就开始盖砖混结构的房子。

杨： 从什么时候开始建砖混结构的房子？

鲁： 1920 年起就有这种房子了。

杨： 一般一户建房需要多少钱？

鲁： 7 万～8 万埃镑。

杨： 你们盖房子是请人来盖，还是自己互相帮忙？

鲁： 一般都是自己设计，然后请建筑队来盖。建筑工人有建房经验，普通人干不了。我们都是承包给外面的建筑工队，告诉他们我们的要求。

杨： 土地都是自己的吗？

鲁： 都是自己的田。

杨： 你们浇地的时间都是固定的吗？比如说中午 12 点或晚上 1 点，时间总是固定吗？

鲁： 不是，要看情况。如果水量够，大家轮流浇水；如果水少，就要分配水源。

杨： 那谁来分配？

鲁： 大家都是商量着来。

杨： 那么浇水的时长是固定的吗？比如说都是 2 个小时？还是多长时间？

鲁： 这个也要看情况。

张： 您在建筑公司具体做什么？

鲁： 我是建筑公司的技术工，主要做电工。

张： 您一天能挣多少钱？

鲁： 工资是按月发的，我们公司是个国际大公司。

张： 看您现在待在家里，那您平时一年要出去多久？一般去哪里工作?

鲁: 我在亚历山大市工作,每周只有周五休息,其他每天都要上班。

张: 您的家人也都住在这儿,还是在亚历山大市?

鲁: 我的兄弟姐妹都住在这儿。

杨: 你们公司也算是一个大公司,会交保险金或退休金吗?

鲁: 有的。

杨: 那大概多少钱?

鲁: 开始工作时,每月交 50 埃镑,占我工资收入的 10%,后来慢慢递增,现在每月可交到 200~300 埃镑。

杨: 最高能交到多少比例?

鲁: 目前来看,我们公司最多的可达到工资的 1/3。

张: 您是考核进去的还是招聘进去的?

鲁: 是考核的。

张: 那您进公司几年了?

鲁: 17 年了。

张: 你们公司除了在国内建房,还有国外业务吗?

鲁: 我们公司的业务主要在埃及境内,不过也有派出去的。

张: 如果有机会,你们也可以到中国,去宁夏盖房子。您父亲务农吗?

鲁: 我父亲就在这里。

杨: 在你们村子里,年龄最大的老人有多少岁了?

鲁: 70 岁。

杨: 老人的平均年龄一般是多大?

鲁: 平均能活到 60~70 岁。

张: 你们家有几口人?

鲁: 4 口人,一儿一女。

张: 女儿和儿子都工作了吗?

鲁：孩子年龄还小。

张：您今年多大年龄？

鲁：我 41 岁了。

张：孩子多大了？

鲁：一个 11 岁，一个 6 岁。

张：看您家里经济条件挺好的，您希望孩子将来学什么专业？

鲁：当老师或者工程师。其实我们的经济条件也不是太好，如果不开这个小卖部，我的工资仅能支付日常开支。

杨：你们家的田在哪？

鲁：我们家只有一点点田，这些田是我父亲和弟弟在耕种，我本人家里已经没有地了。我主要靠外出打工养家糊口，好在我有一点技术，在已经比较大的公司工作，收入还可以。

杨：您的工资是固定的吗？

鲁：工资基本是固定的，但物价有高有低，特别是在过节或者斋月期间物价比较高，所以开支也相对较高。

（杨按：他的生活比一般农民好，农民的收入是有限的，但他一年的工资大概有 20000 ~ 30000 埃镑。如果农民有 1 费丹的地，收入也就 10000 多埃镑。）

张：你们这里近 3 年物价涨幅大不大？

鲁：现在通货膨胀，物价上涨比较厉害。

张：像这种汽水，农民经常买吗？3 埃镑一瓶吧？买的多吗？

鲁：一般吧，买的不多。

张：你有没有想过搬到城里住呢？

鲁：没有，我希望跟家族在一起。城里的房子买不起，不想去城里。住在这里，花销也没那么大。

王：你们除了工资，还有奖金吗？

鲁：加班的话，每个月能多 150 埃镑左右，不是很多。

王：您干了 17 年了，有没有涨过工资？

鲁：每年大约能涨5%～10%。

张：你们农村的电费，每户每月大约有多少钱？

鲁：1个月70～100埃镑吧。

张：和我们宁夏农村差不多吧。（指了指屋内的小电视）在埃及，看电视收费吗？

鲁：有收的，也有不收的。你要看的频道多，就要买卡交费，类似于电卡。

张：村里每户都有电视、冰箱吗？你们这里做饭烧的是煤气还是柴火？

鲁：基本每户都有。我们用煤气做饭。

张：那一个月能花费多少埃镑？

鲁：我们用小的煤气罐，1罐15埃镑，1个月差不多能用2罐。

张：那就是1个月煤气费30埃镑，那1个月水费有多少？

鲁：家庭用水1个月得40～50埃镑。

张：你们家里4口人，平均每个月添置衣服大概要花多少钱？

鲁：1年大概1500埃镑左右。

张：那你们一年走亲戚、去朋友家买礼品大概要花多少钱？

鲁：这个没有算过，走不同的亲戚，花费也不一样。有的给买点水果，有的买衣服什么的。

张：你们在哪种情况下送的礼比较重？

鲁：婚礼最多，亲兄弟之间的往来礼数是最大的。如果哥哥家的儿子结婚，根据个人能力，有的买电器，有的买衣服。

张：那除了兄弟姐妹，其他的一般送多少钱的礼物？

鲁：一般就送水果或甜点。

张：现在养1头牛，将来卖的时候大概能卖多少？

鲁：10000～15000埃镑。

杨：1头牛大概多重啊？大概300～350千克？

鲁：大概300千克，价格主要看牛的年龄和品相。

张：牛一般是留着自己家里人吃还是卖呢?

鲁：母牛卖，公牛一般都宰了吃。

(这时有个小伙子提了只鹅在门口，捏着鹅扇翅膀，大家都笑起来。)

张：你们家的鹅是卖还是自己吃?

鲁：鹅是卖的，还可以吃鹅蛋。

张：谢谢你们，今天打扰你们了。

鲁：不客气，今天我们也很高兴，我送送你们。

（五）访谈小结

埃及很多失地或少地农民为了谋求更好的生活，离家到附近的城市打工谋生，以增加家庭收入来源。从访谈的情况看，这户家庭的打工收入，除能够满足家庭的基本生活需求外，还略有盈余。同时，他对未来生活充满希望，特别是对下一代孩子的教育非常重视，尽量供孩子读书，希望日后谋求好的工作，摆脱农民身份和农村生活。但从观察看，大多数失地或少地农民的生活还比较艰苦。这也从另一个侧面说明，有一技之长的农民进城务工就业领域较宽，收入相对较高。

图书在版编目(CIP)数据

埃及 / 杨圣敏，张前进主编. -- 北京：社会科学文献出版社，2017.12

（阿拉伯国家实地调研丛书）

ISBN 978-7-5201-0972-7

Ⅰ. ①埃… Ⅱ. ①杨… ②张… Ⅲ. ①埃及-概况 Ⅳ. ①K941.1

中国版本图书馆 CIP 数据核字（2017）第 142735 号

阿拉伯国家实地调研丛书

埃　及

主　　编 / 杨圣敏　张前进

出 版 人 / 谢寿光

项目统筹 / 宋月华　韩莹莹

责任编辑 / 韩莹莹　马续辉

出　　版 / 社会科学文献出版社·人文分社（010）59367215

地址：北京市北三环中路甲 29 号院华龙大厦　邮编：100029

网址：www.ssap.com.cn

发　　行 / 市场营销中心（010）59367081　59367018

印　　装 / 北京盛通印刷股份有限公司

规　　格 / 开　本：787mm × 1092mm　1/16

印　张：14.75　字　数：212 千字

版　　次 / 2017 年 12 月第 1 版　2017 年 12 月第 1 次印刷

书　　号 / ISBN 978-7-5201-0972-7

定　　价 / 98.00 元